在看對方舉手投足之際，
馬上可以明白對方的想法與意圖；
只要能掌握「肢體語言」的技巧，
就能在人際交往上如魚得水……

身體語言密碼心理學

麥凡勒　著

前言

哈佛大學的心理教授傑爾姆．卡根，就指出：心理學家能讓你相信，你像一朵小花那樣脆弱，你需要去看心理醫生，即使是早上鞋帶突然斷掉這種小事……而事實上，人是比自己想像的還要強大！要去尋求心理醫生得到解脫，不如先讀點心理小品的書，你就會很驚訝的發現「原來我也可以變得很聰明！」

公司是一種組織，組織內的人際關係通常都是取決於地位、身分、職務、專長這種體制，只有少部分才是人性的。另一方面，由於學生時代的人際關係，是可以依據性格及人性來自由決定的，而在社會上生存可以說是一種完全不同的人際關係。

因此，對人的心理學的知識就派上用場了。要創造出一個好的東西，需要有好的設計圖、道具，以及適當的技術。同樣的，要創造出好的人際關係，也需要有好的觀點、知識，以及技術。

所以，首先就是要讀懂對方的身體語言再說什麼？只要你明白了對方內心的企圖，就可以掌握「一見如故」的技巧了。

現代社會是比以前更為複雜、更為多元的社會。因此在「生存學」中，人們除了要多方涉獵其專業知識與技能之外，在無法避免與人交往的情況下，「人際學」當然也是當代人必修的一門課程！

有好的人際關係，你才會有好的前景；有好的人際關係，你才能左右逢源得到幫助、化險為夷，使你立於不敗之地。然而，欲建立良好的人際關係，前提是你必須學會識人，懂得解讀對方的內心、學會了看人的方法，你才不會浪費於——無謂的人際糾葛的漩渦之中……

第2部

身體語言篇

第3部

行為習慣篇

第一部

神情表情篇

I・眼神：無法關閉的心靈

當你在欣賞一幅美術作品或人像攝影的時候，首先注意的是哪一部分呢？毫無疑問，當然是人的眼睛。目光，是人類傳遞心靈訊息的特殊語言。在中國古代，就有「明眸善睞」、「望斷秋水」這類描寫眼睛的成語，至於「含情脈脈」，當然也只有適用於對眼睛的描摹。以上所舉三例皆是描寫女子，我們可以通過她們的眼神，來領會她們內心的思想和感情，有喜有怨有嗔有情，並且可以由眼神來推斷出她們整體的體態。

另外一個成語「畫龍點睛」，也同樣說明了眼睛的重要性。只要點上如漆一點，整幅畫便頓時富有了靈動與生氣。眼睛，它是內心反映向外界的一束靈光，總是在不經意之中自然而然地流露，沒有辦法隱藏。從眼睛這個心靈的窗口，可以領會人的內心語言。芬蘭心理學家曾請一些演員通過表情來表現各種不同的情緒，然後再把所攝的照片裁成細條，挑出印有雙眼的照片的細條，讓人們來辨認，結果回答的準確率相當高。

可見，眼神可以宜接表達內心的思想、欲望、情緒等等。眼神既然有那麼重要的作用，必然的，它便成為人類主要的溝通工具之一。不同民族在交往中，各自使用目光的方式千差萬別；而用目光進行溝通的習慣，在童年一經形成，便終生不再改變。

1．交談中的目光

與人交談時目光投向什麼地方，這在世界上大部分民族都有不成文的規矩。比如印第安人那發赫部族從小教育孩子在交談時，不要看著對方，南美印第安人維圖托部族和博羅羅部族的人對話時，目光要朝各個不同的方向，面對眾人講話者必須側過身子，讓自己的目光注視著屋子的深處。日本人對話時，目光要落在對方的頸部，這樣對方的臉和雙眼就映入自己的眼簾了，因為，大眼瞪小眼是失禮的行為。

這種禁忌在其他一些民族有在特定的場合才有。例如肯尼亞的盧奧族，岳母與女婿交談時就要轉過身去。阿拉伯等一些民族卻以為，不論與誰講話都應看著對方，兒童接受的也是這種教育，他們以為與人談話時，面向說話者，是一種禮貌。這樣可以使自己的神情暴露於對方的視覺之下，以便更充分地表現自我，同時也可以觀察對方的神態。

尤其是心思敏捷者或女性，幾乎很本能地就可以從對方的視線中，看出其內心隱藏的真正意義。

婦女比男子更愛直眼看人，她們常常仔細端量說話者，注視的時間也長。男女之間或許生來就有這種差別。不管怎麼說，出世六個月的女嬰的眼神，就已經比同齡男孩銳利得多。隨著年齡的增長，這種差別也就更大。

心理學家推測說，這種特徵可以從婦女的傳統地位來解釋，作為子女的養育者，母親要與尚不會說話的孩子進行內心的交流，就必須使用目光來作為工具。

人們在交談時，目光具有補償的作用。

說話者打量對方的次數明顯少於聽話者。專家們認為，這使說話者有可能把更多的注意力集中在要表達的內容上，而不至於分心。一般在一個長句或幾個有邏輯聯繫的句子結束前一秒鐘，說話者會察看一下聽話者，彷彿是給對方一個信息——「我要結束了，下面該輪到你了。」聽話者的反應，則是移開自己的視線。

除了補償功能外，目光有助於交談雙方保持接觸，可以抵消那些造成疏遠的因素。比如讓對話者分別坐在一張寬桌子的兩側，結果他們互相觀望的次數，要比坐在窄桌旁頻繁得多。在這種場合，間隔距離的擴大，通過目光頻率的增加而得到了補償。

對話者直視目光的頻度和高低，還取決於一方在另一方心中的地位。地位高的人，不論是說話、還是聽話，目光總是盯著對方。而自以為地位低的人，聽講時，投去的目光要多於說話時。

2．眼睛的大小

判斷一個人眼睛的大小，本來沒有什麼標準，但就一個人的臉型與眼睛的比例，就可以大致判斷了。並且，從判斷一個人眼睛的大小，可以估計這個人的智慧以及性格。

⑴大眼睛的人　一般性格十分開朗，待人熱情，大方，並且好結交朋友，心思耿直，胸無城府，非常感性，思維敏銳，但人缺乏耐性，做事往往虎頭蛇尾。

大眼睛的女性有魅力，常見描摹此類女性的眼睛如——「有一雙會說話的大眼睛」。這類女性比較容易受誘惑，耳根子軟，容易受別人擺布而沒有自己的主意和立場。她們性情喜怒無常，捉摸不定，總是時冷時熱，人比較情緒化，而且，往往又是個任性的傢伙，憑感情用事。

眼睛顯得較大的男性，則與生俱來的敢做敢當。然而他們缺乏心機和耐性，往往只看到事物的表面現象就以為自己認識了全貌，自負驕傲，從不聽取別人的忠告，我行我素且追求歡樂與物質享受，多於追求精神食糧。

(2)小眼睛的人　他的性格會顯得比較保守，生活上講究簡樸的作風。對於人際關係與適應環境能力比較遲鈍，但具有堅韌不拔的毅力與耐性，比較能保守祕密。

小眼睛的女性，給以人非常規矩的印象，性格較內向，深沈和多思，因此往往顯得冷淡，比較拙於表現感情，但她能很好地保守祕密。

眼睛小的男性，則性格屬慢性，情緒比較穩定，會傾聽人家的意見而不自行其事，喜歡沈思，願意反省自己，有很好的社會適應能力，但需要適應的時間。

曾經聽說過這樣一句話——「女人的眼睛要大，男人的眼睛要小。」它的意思是說，眼睛大能增強女人的魅力，富有感性，並且能恰如其分地表達出女性豐富細密的內心世界。眼睛小的男人能深謀遠慮，一般來說，做事穩當，出錯的機率很小。戀愛中的男女，用眼神互相傾心與愛慕，這個時期的眼神美麗又溫柔，而且蕩漾著幸福和喜悅。

(3)左眼大於右眼　一個人的雙眼往往有大小差異，主男性本位主義，即男性有大男人主義的傾向，在家是國王，事事要妻子操勞，他是一個飛揚跋扈的丈夫。而左眼大於右眼的女性，則屬於典型的相夫教子的賢妻良母型。她尊敬丈夫甚至毫無怨言地順從遷

就丈夫，她的世界便是丈夫和家庭，她的理想便是做個三從四德、體貼入微的好太太。

⑷右眼大於左眼 主女性本位主義，即女性的各方面能力都超過男性，當機立斷，不拘小節，獨立性強，善於交際，而且自認為本人是家庭及事業的中心，自信，自強；右眼大於左眼的男性，是個尊敬女性且愛護太太的模範丈夫，他懂得忍耐與寬容，處事冷靜、謹慎。

因此，右眼較左眼大的男性，適合選擇左眼較大的女性；左眼較右眼大的男性，適宜選擇右眼較大的女性做對象。這一理論較接近命理的五行中和觀念，往往會有一個美滿幸福的婚姻而令人羨慕。

雙眼的大小如果顯得明顯，稱之為「陰陽眼」或者「雌雄眼」，大多數好勝心強、好鬥，而且擅長權術機智，凡事力爭上游，有不服輸的個性。

3．視線的祕密

無論是談話還是平時，我們的眼球只能在一段很短的時間內駐留，其餘大部分時間都在上下左右地轉動，那麼，從視線的轉移中，又透出了哪些性格特徵呢？

一、雙方面對面談話時，對方的眼睛毫不躲閃，而是大大方方地睜開並且然地接觸你的視線，表示他心地坦蕩，並且十分信賴你，渴望與你結交成為朋友，也希望你能同樣寄以信賴；反之，如果在談話過程中，眼睛骨碌碌地亂轉，則表示他正在心中正在盤算著如何算計你，這種人很難有知心朋友，也可能是缺乏自信的人。骨碌碌亂轉，是典型的心懷鬼胎。

二、談話的時候，視線掃向四面八方而避免與你接觸，說明他心裡有鬼，不安好心，而且心中總有所愧疚於你（而你還不知道），也許是做了什麼對不起你的事，或者正在預謀坑害你而做賊心虛。因此，他心神不定，神思不寧，此時，他的說話和承諾都不能當真，他只是在敷衍和逃避你。

三、談話時，臉稍稍向下，或者一直注意地下和某個事物，這種人缺乏自信，並且有自卑感。視線往下，正暗示出他在企圖逃避責任，也暗示出他不能勝任。他並沒有把你的話放在心上，他一心只想逃脫，置身事外，甚至有因人成事的依賴感，凡事都比較消極。因此，不要把責任交付給他，因為你即使交給了他，也不能到預期的要求。

四、談話時，臉微微上揚，將視線投向上方，他可以凝視一個虛無的點而發呆，或者盯著空氣中一根小絨毛的運動軌跡，如果你遇到這種人，那麼你應該了解他對你的談話絲毫提不起興趣，他寧可敷衍了事也不願打斷你，只是出於禮貌的結果。你應該感覺到這一點，並趕緊改變話題以吸引他的注意力，或者，找一個適當的機會結束這次尷尬的談話。

五、臉稍向下，在你說到一個地方，他忽然抬起雙眼來看你，說明你的談話有一個地方吸引了他，讓他動容；如果抬眼後，一直保持這一姿態，即一直稍低著頭且抬起雙眼看你，那麼說明你的談話讓他找到了漏洞，他已尋找到了反駁的機會，而且很有把握胸有成竹，便要發起反擊。你不妨讓他表示他的主張看法。如果抬頭後，立即更正坐姿與神態，以正常的面對面的姿勢聽你談話，表示他開始注意到了你的談話，也表示你的說話受到了重視，甚至容易被採納。

六、傾聽說話的時候，對方忽然往上轉動眼珠看你，或者突然用銳利的眼神盯著你，說明他對你的話產生了懷疑。他之所以要盯著你，是因為一方面他還在思考，另一方面，他通過你的表情神態來證實你的話的準確度，因此，你最好增加你的話語的可信度，增強語言的說服力。

七、最容易引起女性反感的是男性肆無忌憚的視線和表情，如果視線在女性身體和臉部，上上下下反反覆覆地移動，則代表輕視、侵犯的意圖，且有性慾和挑逗意味；喜歡斜眼看人的女性，雖然無限嫵媚但給人一種不規矩的印象，比較貪圖歡樂及物慾享受，而且容易水性楊花。尤其是大眼睛的女性，容易使人覺得隨便，在感情與私生活等方面。

八、從前面七項都列舉了一些在聽話或談話過程中的眼珠轉動情況。那麼——在平常時，眼睛時常左右轉動的人，表示他有一個不安定的生活狀態，而且對於他自己的行為充分地不信任，他會說一些謊言，而這些又都是自欺欺人的把戲——在平常時，眼睛時常上下轉動的人，他有強烈的敏感性，時常幻想自己會被傷害，因為這樣，他顯得很不安而且焦慮。他懼怕某件事物，常常顯得沮喪或者神經緊張。因此，對於他本人目前所處的狀況，也感到猶豫與不安。

綜上所述，人類的眼睛直徑大約為二點五公分，但卻像一架從舊石器時代以來就有的，最複雜的電視攝影機。由於它是如此複雜，我們幾乎不能相信眼睛是人體中從呱呱落地到長大成人之間生長最少的器官，連大腦都比眼睛生長得多。

眼睛能夠自由靈活地上下轉動，它是全身最靈活的。嘴巴是傳遞語言的工具，而眼睛可以通過透露內心的祕密，來當身體語言的主角，也可以像嘴巴似的「說話」，比如凝眸而視，眼波流轉，明眸善睞等等。可見，眼睛的默默而語，它的信息傳達能力並不亞於嘴巴，相反的，它可以表達出嘴巴也不能描述的一些感覺，因此，也可以說它的功能並不在嘴巴之下。

眼對眼的長久凝視，只會發生於強烈的愛或恨之時，因為大多數人在一定場合中，都不習慣被人直視，例如搭乘大眾運輸工具的乘客，總是避免相對而坐，面面相覷。眼睜睜地對視，對乘客是一種沈重的心理負擔，因此，大部分乘客為避免這種尷尬，不是看書讀報，就是閉著眼睛打瞌睡。

對情侶來說，由於彼此間充分互相信賴，以致能迎向對方的目光而不會畏懼，他們看到的將是情人漾滿愛意的凝視，在表示願意與他同一化，在凝視時鞏固了感情。當他們互相凝視時，彼此會不自覺地檢查對方瞳孔擴張的大小。因為當眼睛看到某些很喜歡的事物時，瞳孔會異常大；若看到不合胃口的東西，則會縮小到只有針尖那麼細。倘若情人看到一泓黝黑的深潭，就會直覺地感到愛情有了回報；如果看到小如針尖般的瞳孔，則會開始感到不安，覺得彼此的關係整個出了問題。

至於互相懷恨的人，引起爭執的原因，往往也是因為長時間的直視對方，也就是俗話說的「白眼」相向。長久的對峙，意味著身體領域的擴大。他們憤怒瞪大的眼睛，是極其嚇人的。

在迷信盛行時，流傳著一種對惡靈眼光的恐懼，以至於法官們在宗教法庭上審訊惡靈附身的案件時，常常堅持將犯人帶進法院時必須背對大家，以免他那惡毒的眼光造成大災害。有許多種民族會佩帶避邪或護身符以保護自己，那些東西有些相當淫穢，目的是藉此引開惡靈的目光，有的是一隻瞪大眼睛的圖像，意思是反瞪回去。

所謂斜眼凝視，就是把視線向側面掃去，這大致可以表示懷疑，拒絕，厭惡，或者是不屑一顧的神氣。

將凝視重點放在朝上看的方向，這種情態表示尊敬，佩服，仰慕，敬畏，及由尊敬而產生的「想撒嬌」的信號。

視線游移不定，東張西望，沒有重點的掃視，這是一種表示內心的緊張與惶恐不安的眼神，以及害怕的心理。

在與人促膝相談的時候，突然把視線收了回去，很可能就是對方內心有「鬼」，諸如這類細微的動作，是生活中很常見的，不用研究也很容易下判斷。

4．傳統的眼神相

我國相書上認為，一個人所有的精神，包括神采，都在於「眼」。而說到「眼」，又有十四種不同的說法，曰：「藏、靜、和、銳、馳、露、耽、驚、慢、疑、醉、昏、急、脫。」我們下面就以這些眼神，從有神到無神，一一加以說明。

古語有云：「人之動，其神示而不藏。」這句話的意思，在本章開頭已詳細說明過，也就是一個人在日常生活活動中，他的眼神能透露出他內心的思想，他的欲望，而且隱藏不了其真實的一面。

①神藏

這種眼神初看很是平和正直，沒有太大的神采。時間久了，便開始如同美玉明珠般開始明亮起來，流光與神采都盛在眼裡。然後，越加端詳，他的眼神越是清澄，越是秀麗，直到眼神顯示出溫婉純粹的時候，也是淳厚不變。當他有怒氣的時候，無須吹鬍子瞪眼睛，別人可以從他的眼神中感覺到，並且畏懼它。

所謂「神藏」，即剛接觸到時眼神也平平，久而久之，便愈來愈顯出它的神采來。凡這類人，往往都有好的德行，能幹大的事業的人。

②神靜

剛接觸到這種眼神，即給人恬靜安然的感覺。然而，看久了，便覺得幽靜乃至寂靜了，看得越久，彷彿越顯得澹泊，只有在最深的地方能感覺到流溢的光彩，而且讓人有所得，有所悟。只有深刻地去領會他，而不能言傳。

這是聖人的眼神，不和世俗同流的人。

③神和

與這種眼神接觸，會覺得溫暖，和藹和親切。看上去，它永遠都帶了一份喜悅與笑意，即使有怒色，但還似乎是微帶喜容的。它不像神藏需要時間去研究，遠遠地看上一眼，也已經感受到他的溫和。

這類人一般都是胸襟寬廣，不偏激不妒嫉，坦坦蕩蕩的人，是有德行的人的相，因此不管誰見了都會感到很高興。

④神銳

一個有抱負，有野心的人，自會給人一種凌人的氣勢，這種氣勢往往通過眼神來表露，為人矜持，自負，不謙遜。然而一遇挫折，便如遭到致命的打擊一般，馬上變得心灰意冷，甚至喪失了先前宏偉的志向。

⑤神露

眼神外露，絲毫不會隱藏，眼睛向外凸出俗稱「水泡眼」，看上去總好似在發怒的樣子，因此又稱作「神怒」，這種眼神不易隱藏自己的內心世界。如果眼睛四白都能看到，則命運不佳，有災禍，就是能大富大貴，也只能維持很短暫的時間。

⑥神耽

所謂「神耽」，即眼光逗留在一個事物上久久不離開，達到目不轉睛的程度，像虎狼看自己爪下的食物，像守財奴看到金子，一般眼光被吸引後便難調開，眼中四白通通看得到，這是一種非常貪婪的眼神，如果更久時間的目不轉睛，則如古書上所說的——「必淫亂受刑，死於郊野，非善相也！」

⑦神馳

神馳，就是所說的「走神」，那「神」便如同馬兒在平原上奔馳。小坐片刻，神思就跑到別的地方去了，不言不語，沈默著左左右右，收勢不住，思想便不能有片刻集中，如果神思不定，一去不返，時間久了，神思必定狂亂，不是好相。

⑧神驚

神驚，即通常所說的「失神」，總是茫然若失的樣子，平日做事失神落魄，如臨深淵，如履薄冰，滿面盈滿青氣，戰戰兢兢，心神不定，坐不能久，睡不能安，嘴巴常常喃喃自語，眼睛頻頻回望，很久也不能安定下來。

這種人孤苦無主，即使能富貴，也不能長久，並非好相。

⑨神昏

終日臉面昏昏沈沈，如烏雲四起，看上去總是浮露隱隱，不分不明，彷彿被烏雲所籠罩，兩隻眼睛雖然大，但卻大而無光，言詞笨拙，不能表達內心情感，也不能分辨事物明顯的特徵，這種人貧賤又孤苦無依。

⑩神急

神急的「急」，顧名思義就是眼光閃閃不定，臉上盈滿光華，或稱喜氣，總是一副揚揚自得的神氣，但這種喜氣很浮，不是從內心引發出的自然的神色，這種人若一到中年，命運多舛，很難成大器。

⑪神疑

神疑的人，無論行走還是做事，總是一副猶豫不決的神情，做事拖泥帶水，行為舉止往往因若有所思而滯塞不爽，想要振作，已是垂頭喪氣，欲作不作，欲言不言，小坐片刻，神情可改變好多次。

⑫神脫

所謂「脫」，就是常常應有的氣色，忽然之間卻不見了，像行屍走肉一樣。雖能行坐飲食言語，卻沒有多大氣息，宛如木偶泥人，這種人對周遭的變幻沒有感覺，不喜不怒，不悲不憂。此非善相也！

⑬神醉

「神醉」的人，時常像一個喝醉酒的人，坐立不定，踉踉蹌蹌，狂言狂語，似癡又不癡，說他不癡，著實又似爛醉，好像隨時可以化了去，成了仙，這種神醉又稱「神迷」。這種人大多貧賤、夭折。

⑭神慢

俗話說的「慢性子」就是明顯的神慢，在動與靜，作與息之間都顯得慢條斯理，眼睛看事物時目不轉睛，因為專心，往往能過目不忘，記憶力極好。即使有緊急危難時，也是慢慢吞吞鎮定自若。不過，這種人到頭來也往往不能成大器。

以上簡單列舉了古人對眼神的十四論。有訣曰：

妙相之法在何方，觀其神氣在學堂，
若人認得神與氣，富貴貧賤當思量，
一點真兮一點真，悟了方為善相人，

不悟真如魂夢裡，徒勞兩眼去觀人。

這幾句詩說的便是——神氣於一個人的重要性。而且要了解別人，就必須用自己的雙眼去仔細觀察別人。至於從一個人的相貌眼神，去估量他的脾性與為人，又有訣曰：

神恍恍兮氣爽爽，似有似無在面上，
一點神光俱不散，此人定作公侯相，
清亦貴兮濁亦真，清濁交加方始是，
若人辨得濁中清，便是人間公卿位，
清怕寒兮濁怕實，又怕毛骨粗是一，
神清骨秀兩分明，早佐皇家為柱石。

——除了眼神十四論，我國古代相書對於眼神，還有各種各樣的定義。

1. 神氣清爽，眼睛秀長如鳳目，這種人地位顯赫，可作王侯，他的眼瞳晶瑩潤潔，黑白分明，光芒四射，又深又遠。

2.眼上露堂，表明此人有藝壓身，不願傳外，為人慳吝。

3.眼光如水，做輕浮狀，不管男女，都主在性行為上淫亂，在日常生活中，對男女關係也很不檢點。

4.眼睛很圓，外露，如魚目，目光呆滯，沒有光彩，主個人不能長壽，很可能中途會夭折。

5.眼睛往外凸出，如同蜜蜂的眼睛，也主前途不利，恐遭凶刑。

6.眼睛圓小而帶昏黃，如同雞眼睛的人，他的性格浮躁，粗心，而且多淫念。

7.鼠眼偷盜，獐眼橫亡，獐頭鼠目何必求官；犬眼荒淫，羊眼招禍，鵝鴨之眼不善終，馬面蛇睛須遭橫死；豬眼矇矓，黑白不分，必定心術不正，貪婪多欲。

8.狼頸性狠，即狼要回頭看背後的東西，是連同整個身軀都一同轉動的，性情狠毒，經常懷有殺人害物之心，而且也經常做一些破壞活動。絕對不要和走路頻頻回頭的這種人交往。

9.似雞，蛇，鼠目，不濫須偷。《月波洞中經》云：「雞目無痕（單眼皮），好鬥貪淫；蛇目上胞厚而心毒；鼠目左小而盜竊。似者，男女盜竊，貪婪，無恥。然居富貴，亦不改奸妒之象。」

10．斜著眼睛看人的人，秉性剛強，然而往往剛愎自用，而且此人非常吝嗇，只想索取，不懂施與，又貪心又鄙陋，損人利己，就算他有富貴的一天，也絕不會改變慳吝之心，而且口蜜腹劍，心口往往不能合一。

11．看人時，眼光往上掃視的人，主這個人賊性很強，不管看人觀物，他都昂起頭，抬起眼睛往上看，他很好強，眼裡除了自己，容不下別的任何東西任何人。他疑心很重，有時帶點神經質。而且又曾聽到這句話——「上視者，人多狠。」因此，不要與這種人結交為朋友。

12．生有三角眼，主此人陰險狠毒，常常搞陰謀來破壞別人。

13．眼睛若又圓又大，而且目光從不會收斂，這種人心懷凶狠，常會招惹是非，一不小心就會遭牢獄之災。但如果肯讀書，而且能夠親近有德之人而遠離卑鄙小人，凶險就可以減半。有俗諺這樣說——「大眼凸睛，為人無情。」大致便在給世人以告誡，不要和眼凸的人結交，不然常會有災禍。

14．兩眼昏亂渾濁，沒有神采，主此人生性沮喪，雖一生四處奔波勞碌，卻還是清貧如洗，家徒四壁，最終落得背井離鄉，妻離子散的下場。

15．眼睛很深，但細如線，長得非常隱蔽，看事物看人目光往下看，而且是偷偷地進行，這種人性情慵懶，而且不負責任。

16．眉清目秀，定然是個聰俊的人，骨質清奇，生性磊落。

17．如果一個人氣色混沌，神情枯竭，那必定是貧窮漢。

18．眼睛深長，但流光溢彩，主定王侯之相，日後可身加莽袍。

19．神氣短促，目光呆滯無光，主此人短壽，早赴黃泉。

20．眼睛中眼黑少而眼白多，而且在眼黑的上下左右，都能見到眼白稱「目多四白」，這種人多孤寡，沒有朋友，沒有得力的助手，自己往往也常遭凶險。

21．女性若生一雙粗眉，再加一對粗俗的眼睛，那麼會被認為是掃帚星，每每會與丈夫相剋。如果女子眼神如喝醉一般，似癡不癡，那麼「桑中之約無窮」（桑中之約指的是性行為，意即紅杏出牆）；如果愈來愈嬌嗔，嫵媚的神氣漸生，則「月下之期難定」。

22．如果一個人喜則喜形於色，悲則肝腸寸斷見於顏色，則此人屬於形神不蘊之人，主既貧窮又早年夭折。

23．如果一個人眼神很凝重又直露，嘴角又常往上翹，說明人不聽別人的勸告，為

人執拗偏頗。

24．視物看人，眼光平正，從容不迫，那麼他為人光明磊落，心態平和；一個人說話或聽講時，時常嘿嘿冷笑，不同情弱小，那麼這種人為人心機很重，城府很深，並且不容易被說服。

25．不哭泣的時候，兩眼也是淚汪汪的樣子，心下不煩悶，但卻時常雙眉緊鎖，瑟瑟縮縮，那麼這種人早年可得平安，但中年以後開始越來越不濟，雖無大的禍事，而老年則日見孤單。

26．兩眼昏花，無神，那麼縱使鼻梁再高，壽命也是有限的。

27．眼睛大的人，大多可鑽研藝術。《月波洞中經》中說：「眼睛大而端定示浮不露，黑白分別者，主可學藝業，異於眾人，成家立業。」亦即從事藝術對眼睛大的人很有好處。

28．眼色疲倦，像大病未癒，稱為「病眼」；神色昏暗，如烏雲蔽日，霧氣瀰漫，又像喝得爛醉而欲醒未醒，稱為「醉眼」；眼神怯懦，閃爍其詞，如試翼的小鳥，神色驚惶，稱為「驚眼」；眼神混濁，昏昏欲睡，稱為「睡眼」。睡眼、病眼的人，壽短。驚眼，醉眼，有厄運，可能客死他鄉。

29．男子的眼睛要炯炯有神，讓人有生命力旺盛之感，這才算上相。女子的眼神要顯出溫和與聰慧。經常透露出溫和聰慧之光的女子，氣質高貴，體態賢淑，能博得眾人尊敬。

30．若女子的眼睛既圓又小，而且向外突出，有如水泡，粗俗不堪，毫無秀氣可言，這類女子地位輕賤，得不到別人重視，而且自己也不懂如何來讓自己變得溫柔嫻淑。

31．眉毛長得分散而不是聚集在一起，眼睛渾濁而且泛黃，喉結突兀顯露，這種人將不會有太大成功的機會，而且子孫少，常無後代。

32．獐目凸睛的人，基本上孤寡一人，沒有兄弟手足。

33．昂首挺胸，眼睛微微往上抬的人，氣度軒昂，高貴不凡；眼光往下看的人，性情往往陰險狠毒。

34．眼光放得很遠，有超臨萬物，高瞻遠矚的胸襟；只能盯著眼前的事物，這種人缺乏毅力，做事心不在焉，氣量狹小，人也非常愚昧，一生碌碌無為。

35．平視的人，胸懷坦坦蕩蕩，光明磊落，做事無愧於心，具有很好的德行；眼光盡往高處瞧的人，性情偏激，固執，往往習慣自以為是。

36.眼珠骨碌碌轉個不停，眼裡有桃花光焰，表明這類人心中帶有邪念，有這樣一句話——「好色之人眼帶花。」

37.看東西眼光凶狠，彷彿惡狠狠地要把對方整個吞進肚子，這種人為人粗枝大葉，性急，暴躁，容易衝動。

38.往斜裡看東西的人，肚子裡起了偷盜之心。

39.若兩眼泛起浮光，兩個瞳孔彷彿要噴出火來，這種人凶悍好鬥，敢殺人，而且好搞陰謀。兩眼泛起浮光的人，是因為噴發出來之後不會收斂，未收斂起來的光也可以射人。眼神含有滿腹怨氣，虎視眈眈如同噴火，如果有類似這樣的人，那麼他主人凶惡、奸狡、貪鄙中懷奸盜之心。一生命運不濟，直到三十歲時才入運，至三十五歲，這六年裡命運最好，三十五歲之後，亦不利。

40.睛如點漆的人，在《廣鑑集》裡是這樣解釋的——「兩眼黑光如點漆，昭暉明朗，光彩照人，極貴。人臣、神仙、高士、奇異之相。」擁有這種眼神的人是個有福的人，在三十歲之後會取得顯赫的功名。

2．表情：透露情報的信息之窗

1．笑

有一些東西，是在語言之外卻又不亞於語言的。笑，便是其中之一。因為笑儘管沒有言詞，卻是除了人以外，任何動物都發不出來的。

一隻狗，躺臥在爐前地毯上，因痛苦而嗚咽，因歡樂而吠叫，我們自會明瞭牠的意思，而不覺有什麼怪異之處；然而，如果牠放聲開懷大笑呢？如果當你走進房間，牠不是用搖尾吐舌來表示見到你時應有的歡愉，而是發出一連串格格格笑聲——咧著大嘴笑——笑得渾身直哆嗦，顯出極度開心的種種神態呢？那樣，你的反應必是驚懼和恐怖，如同聽到禽獸口說人語一般。而如果還有高於我們人類的事物存在，而當這種事物

也同樣發出笑聲時，我們也將同樣無法想像。

因此，笑聲，似乎主要是而且純然是屬於人——男人和女人的。

人類的笑，種類很多，有苦笑，狂笑，媚笑，假笑等之分，但人同此心，心同此理，不笑則已，笑必定是一方面自己有什麼快感，一方面也要人發出快感，所以笑是愉快的表現，誰也不能否認。笑是一種複雜神經反射作用，當外界的一種笑料變成信號，通過感官傳入大腦皮層，大腦皮層接到信號，就會立刻指揮肌肉或一部分肌肉動作起來，笑對於健康是有好處的。

小則嫣然一笑，笑容可掬，這不過是一種輕微的肌肉動作。一般的微笑就是這樣。大則是爽朗的笑，放聲地笑，不僅臉部肌肉動作，就是發聲器官也動作起來。捧腹大笑，手舞足蹈，甚至全身肌肉、骨骼都動員起來了。

笑在胸腔，能擴張胸肌，使人呼吸循環更加順暢。

笑在肚子裡，腹肌收縮了而又張開，及時產生胃液，幫助消化，增進食慾，促進人體新陳代謝。

笑在心臟，血管的肌肉加強了運動，使血液循環加強，淋巴循環加快，使人面色紅潤，神采奕奕。

笑在全身，全身肌肉都會振奮起來，振奮之餘，會使人睡眠充足，顯得精神飽滿，神采奕奕。

笑，也是一種運動，不斷地變化發展。笑的聲音有大有小；有遠有近；有高有低；有粗有細；有快有慢；有真有假；有聰明的；有笨拙的；有柔和的；有粗暴的；有爽朗的；有嬌懶的；有現實的；有浪漫的；有冷笑的；有熱情的笑，如此等等。笑的形式多種多樣，千姿百態，無時不有，無處不在。

笑有笑的心理學，各行各業的人，對於笑都有他們自己的看法，都有他們的心理特點。售貨員對顧客一笑，這笑是有禮貌的笑，使顧客感到溫暖。做為政治人物，非有笑容不可，不能板著臉孔。嬰兒笑得純稚，商人笑得虛偽，因為情緒及習慣，有笑出聲音，有微笑不出聲音。

大抵可依據其笑的不同，而判斷一個人的性格和運勢。

① 吃吃笑

這是一個愛好和平的人，是屬於樂天派的人，喜歡看好笑的事物，對生命有熱烈的展望，全身充滿著活力。

②呵呵笑

這是深深地從肚子裡發出的笑，這種人性格奔放開朗，從不自卑保守，願意冒險，能牢牢抓住稍縱即逝的機遇。為人隨和，因為令人開心所以得到別人喜歡，而他自己也喜歡與人相處。

③格格笑

這是一種高調的笑，往往在嘈雜的環境之中也能聽到。這笑聲顯示他不禁制自己，天生便是聚會上的靈魂人物，喜歡講笑話，當面臨問題時，他會很勇敢，也很有辦法。

④偷笑

這是一種很低的笑聲，也不很長，有時別人未必能夠聽到。這顯示他常常看到一件事情有趣的一面，而別人未必能看得到。別人喜歡和他相處。

⑤鼻笑

這種笑是從鼻子裡哼出來的，因為他要忍住笑，卻又忍不住，便忍進了鼻子。這種人性格內向，為人害羞，不想讓別人注意，同時他也是謙虛體貼的，按原則辦事，又很在乎別人的感覺。

⑥普通的笑

這種笑很普通平常，不會太過大聲，也不因低聲而讓別人聽不到。顯示這類人喜歡群眾，很努力，但不爭功，更不居功自傲。有耐性，心地好，善良而且可靠。

⑦輕蔑的笑

笑時鼻子向上掀，神情顯得有些輕蔑，他看不起每一個人。其實，這恰恰是他的自卑感在作怪，拼命要壓低他人而抬高自己，這種人大多不會有知心好友。

⑧緊張的笑

這種人有根深柢固的自卑感，笑起來全身神經緊張，有時候中途笑聲突然停止，看看別人還在笑，他也會繼續再跟著別人笑，這種人往往缺乏自信，似乎從來都不曾為自己而活。

⑨笑的時候，咧歪了嘴的人

為人謹慎小心，容易對周圍事物冷淡，不夠靈活。性格倔強，不聽他人勸告。拙於

交際應酬，也很難表達自己的情感，固執己見而與他人難以相處。但他一旦投入某一件事時，卻可以全神貫注地執著於它。

⑩笑的時候，嘴角深入臉頰，連眉毛也有笑意的人

對生活充滿自信，精力充沛，能以極大的熱情投入工作。感情豐富細膩，態度堅決果斷，誠實守信，忠於職責，使人感覺安全可靠，有很多人都樂意與他們接近，他們可以使周圍的人也一樣快樂起來。這類人若是男性，則有膽有識，若是女性，則用情深。

⑪笑的時候，嘴型彎成「︵」型的人

表明他人生道路幾度坎坷，英雄氣短，空虛寂寞，感受性強，也表現為多疑，愛好思考，懷疑心很重。

⑫笑的時候，縮著嘴的人

虛榮心強，但又生性自卑。自己有了缺點與過錯，卻怕別人指點批評，因此時常掩飾自己的過錯。他希望獲得友誼，常常會用略施小恩、布施小惠的方式來換取。

⑬笑的時候，用手掩著嘴巴的人

性格內向，沈默寡言，安靜，神經敏感，有神經質，為人拘謹，但害怕別人提意見。如果是女性，則表示文靜、內向和矜持。

⑭笑的時候，用手背遮擋嘴巴的人

表示與對方的親近之情，女子大多在情侶面前才會有這一動作，表示親愛，帶有撒嬌的情感。如果是男性有這一動作，則代表他有女性化的傾向。

⑮閉緊嘴巴，從喉嚨裡發出類似於乾笑、冷笑的聲音

這種人性急暴躁，喜怒無常，喜歡「以小人之心度君子之腹」。這種人妒嫉心重，自私自利。但不論歡喜還是憤怒，都表現出目中無人的神情，狡猾，世故，所有這些表現，都是他強烈的自卑感引起的。

⑯張著嘴巴大笑的人

光明磊落，為人公正，性情溫和，以樂觀的態度去面對人生的坎坷，沒有什麼心機，擁有恢弘的度量。他深知「平凡是福」的真意，因此知足常樂，頗有「採菊東籬

下，幽然見南山」的氣慨。

⑰ 笑的時候，露出牙床的人

出身低微，又渴慕虛榮，有明顯的自卑和浮誇傾向，做事不沈穩，失敗較多。如果是女性，會有一個勉強並且不十分理想的婚姻。

⑱ 笑的時候，眼角有很多魚尾紋

而且這個紋尾往斜方向揚起，則表示有四代同堂之福，盡享天倫之樂，全家人齊心協力，幸福美滿；如這紋尾向下垂的人，在感情的道路上處處坎坷，婚姻有波折，如果已成家，則終日為日常生活勞碌，心力交瘁；笑時有魚尾紋，而且，人中穴兩側有斜豎皺紋的人，與紋尾下垂的人有共同點，這種人往往操心勞碌，必須負擔沉重的家庭擔子，而且，他的性急暴躁，很容易發脾氣。

⑲ 笑的時候，額頭上有小皺紋的人

這種人笑的幅度並不太大，卻會有小皺紋，也是屬於一生勞心勞力的人。

⑳笑的時候，鼻梁上出現小皺紋的人

如果是男生，則大多數沒有自己的繼承人，如果有孩子，也是領養的孩子，或者幫人照顧別人的孩子。如果女性有此情況，則有難產徵兆，否則，便是與家人，包括父母與子女的親情如紙薄，形同陌路。

㉑笑的時候，只有眼睛在笑的人

表示他對一切事都早有預料，而且大多都在他的預料之中，他胸有成竹，因此蔑視其他人，自負聰明，有遠見。

㉒笑的時候，整個臉都在笑

笑得眼睛瞇成一條線的人，情緒豐富，態度直率，待人熱情好客，對待生活樂觀積極，重視友誼而對待財富比較隨便散淡，又不善理財，常常有揮霍浪費的跡象。

㉓笑的時候，雙眉或一條眉毛向上揚的人

平日裡看起來，總好像有著沉沉的心事，動作緩慢，忍耐力差，多愁善感，是一種杞人憂天，自找麻煩的人，笑也勉強。

㉔笑的時候，皮笑肉不笑

就是一種毫不動情的笑，這種人理智絕對占上風，因此性格沈著冷靜，做事審慎小心，在關鍵時刻表現出他的冷酷心腸。

㉕笑的時候，想抑制不使發出笑聲而笑的人

理智聰明但傾向於冷酷精明一類，整個世界以「我」為中心，從不為他人著想，不體貼別人的辛勞。而別人對他表示關愛，他也常常無動於衷，心腸又冷又硬。

㉖明明在笑，卻是一張哭臉

或者，笑聲聽起來如哭聲的人，一般來說除了身體狀況欠佳，在精神方面其實並不十分想笑，常處於尷尬境地而勉強發笑，心中卻一片愁苦，苦於無處傾訴。因此，這種笑代表貧困與愁苦。

㉗笑的時候，前俯後仰樂不可支

常顯出這種情態的人，生活隨意，無憂無慮，性格積極樂觀，縱使挫折坎坷，也會敢於面對而且不拘小節，因此常能挽回大局。在別人眼中，他是個有魅力有個性的人，

自身也活得輕鬆快樂。

㉘還沒開口說話，便笑在前頭的人

或者在不應該笑的時候笑的人，大多自卑感強烈，對自己缺乏自信心。拙於言辭，不善於交際，常容易處於尷尬的境地。如果是男性，則大多既無自信又守舊世故。如果是女性，則對於男女關係比較隨便。如果不是懦弱善良，就是聰明老成，往往有「聰明反被聰明誤」的情況。

㉙大笑如男人的女性

這種女人有男子乾脆爽直的性格，熱情好友，擅長在人多的境地中表現自己，喜歡熱鬧，也喜歡湊熱鬧，不管大事小事，在她們看來都是可以津津樂道的內容。她們在事業上也會有所成就。

㉚微笑如女子的男性

這種男人有女性化的傾向，渴望溫暖關懷，內心卻空虛孤獨寂寞，只能自我解嘲。

㉛笑聲尖銳的人

神經質，敏感，自我保護觀念不強，容易受挫而心灰意冷，一蹶不振，為人處事小心謹慎，很在意周圍人們的眼光與品評，怕面對自己的缺點錯誤，內心深處渴望得到別人的重視。在別人的眼中，他是個沒沒無聞的人。

㉜在縱聲大笑的過程中，忽然又會收住笑聲的人

表示家境卑微，感情有過創痛，怕別人提及引起難過。他很聰明，但往往「英雄無用武之地」，為人處事小心翼翼，常會檢點自己的行為。

2．哭

許多情緒都會引起哭，但頭號原因是悲傷，其次是興奮、憤怒、同情、焦慮和恐懼。人們對哭習以為常，但在科學家看來，哭如睡眠一樣，仍然是神祕的。

美國明尼蘇達大學的科學對成年人的哭，做了獨創性的研究，他們分析了兩種淚：一是受洋蔥、辣椒等食物所刺激而流下的；一是情緒激動而流下的，他們發現兩者所含

的化學成分不同。

傷心的淚水裡含有兩神經傳導物質，它們分別與人的緊張情緒和體內痛感的麻痺有關，而淚水能將這些物質排出體外，起到緩和緊張情緒的作用。百分之八十五的婦女和百分之七十三的男人說，他們每次哭了之後都會感到心情好受了許多。

大多數的哭是發生在晚上，在這段時間裡人們大多與親人會聚在一起。上述供研究用的傷心的淚，就是從一些看悲劇性電影的志願受試者那裡蒐集來的。

其實，正常時，眼睛也會不斷分泌出少量淚液，形成一種薄膜以滋潤眼睛，和為眼角膜提供氧。哭的時候，產生的淚液就要豐富得多。人們哭的時間長短不相等，短者二到三秒，長的達兩小時左右，一般正常情況下哭泣的時間為一到兩分鐘。

女人哭的頻度是男人的五倍。在被研究的四百個人中，有百分之九十四的婦女報告說，每月哭一次或多次，平均來說，婦女每人每月要哭五次；百分之五十五的男人報告說，每月至少哭一次。但男人的淚多半是淚水在眼裡淌著，很少潸然淚下或抽泣嗚咽。

為什麼婦女比男人更容易哭呢？這個原因雖不完全清楚，但有兩個因素是完全可以肯定的：一是男女體內激素的作用方式有差別，二是受社會習見的影響；哭表示軟弱，「男兒有淚不輕彈」，往往從孩提起，男子就會受到這種教育的薰陶。

研究哭的專家卻認為：哭，這種人類所獨有的行為，既然是在漫長的進化過程中獲得的，就必然有其生物學意義。哭很可能是疏導緊張情緒的一個重要的閥門，但可惜的是，許多人，尤其是男人都沒有充分利用它。

當小孩子對緊張情緒做出自然反應而哭時，大人強求他們忍住，這其實是有害身體的；有些成年人把感情隱蔽在心靈深處。儘管他們能做到強忍住悲哀的淚水不露聲色，但是被抑制的緊張情緒總能找到某些渠道逃逸，而這些渠道就是潰瘍、腸炎，或者其他與緊張情緒有關的疾病。

哭和笑一樣，可以分成許多種類：東周杞梁的妻子哭她丈夫，那是寡婦淒怨的哭；賈寶玉偶爾一兩句話不對惱了林妹妹，黛玉便掩面而哼哼唧唧，那是打情罵俏的哭；曾子死了，曾皙竟因哭兒子而哭瞎了眼睛，那是發自天性的真摯的哭；楚霸王在烏江別虞姬高唱：「虞兮虞兮奈若何！」而聲淚俱下的哭，那是英雄末路悲壯的哭；風流皇帝陳後主向人訴苦說：「此間日以淚洗面」那是追懷過往的抑鬱的哭；劉阿斗太子在晉武帝面前背完了「先人墳墓遠在岷蜀……」因為沒有眼淚便緊緊閉上兩眼來代替哭，那便是小孩子傻氣的假哭。

上面列舉了許多種類的哭，雖然都是我國古代人的哭，但足以概括我們平時哭的種種了，如淒怨的哭，真摯的哭，悲壯的哭，抑鬱的哭，打情罵俏的哭，甚至假哭等等。

哭有如此多的種類，而每個人的哭相又各不相同，不同的哭相，也可以暴露內心的情緒，並且，可以大致了解這個人的性格特點。俗話說：「大奸之人以泣自信；婦人懦夫以泣著愛。」大致說的就是這個意思。

①哭的時候，緊閉雙眼

全神投入的樣子，這種人還沒有學會應付不幸事件的正確方法，正因為如此，遇到難過的事情，總是他在受折磨。他寧願閉門獨處，時常過分愛惜自己。但他有許多潛力，只要敢於面對現實，就能成功地解決一切問題，擺脫不愉快的處境。

②哭的時候，睜開雙眼

這種人雖然有一點悲觀主義，但他對世界還是有很清醒的看法，實事求是，但性格偏向暴躁，這種品質在一定程度上妨礙他糾正自己的缺點和錯誤。他不關心周圍人的感覺，被人認為是個利己主義者。

③ 哭的時候，眼淚像一汪泉水——往外湧出

這種眼淚特別多的人，天生感情豐富細膩，有相當敏銳的觀察力，但對別人進行評價時往往帶有偏見。他比較注重別人的眼光，遷就別人特別是他所喜愛的人的想法，不自覺地去猜透對方的心情，以及其所處的情境。而且他做事很不果斷，「同意」或「反對」某件事時，經常因某些原因而長時間思考，舉棋不定，到了最後所做出的決定，也往往是模稜兩可。

④ 哭的時候，只是乾哭而沒有眼淚

這種哭法，除了劉阿斗的「假哭」外，那些內心悲痛卻哭而無淚的人，有很強的好勝心和支配慾，在某個領域取得成就時，可能會不惜犧牲周圍人的利益。這種人情緒比較穩定，但是很深沈，對事情考慮過於冷靜，但熱情卻能持久。

⑤ 把哭當成是一項工作

哭的時候，往往休息片刻，再繼續進行，這種人情緒很不穩定，日常煩惱太多，又不懂疏導和解決，因此使自己的心情處於緊張和矛盾之中。辦事效率較低，能寬容但不夠坦率，經常表現出憂鬱的情態。

⑥哭泣的時候，有明顯的啜泣聲

就是所說的「泣不成聲」，這是真正悲傷的一種外在表現。泣不成聲的人溫柔善良。屬情感脆弱型，受不起意外的打擊。他們樂於助人，謹慎小心，能夠讓自己真正的快樂，有同情心，對人真誠寬容，給人的印象是和藹可親，因此深受人們的歡迎。

⑦哭的時候，聲音很低，但綿延不斷

這種人非常天真，容易輕信別人，也容易滿足，喜歡看情節起伏跌宕，激動人心的小說，遇到興奮的事常常失眠，而假如工作枯燥無味，馬上就會情緒低落。他們就像孩子一樣喜新厭舊，從不知疲倦。

⑧哭的時候，沒有聲音，眼淚無聲地從眼眶中滾落下來

這種人愛看感情細膩，詳細描寫人物心理活動的小說或電影。感情比較脆弱，一點小事情就能引起情緒波動，容易神經過敏，患得患失，當生活不順利時，會感到很痛苦，平時寧可一個人做事，也不願和許多人在一起。但這種人一旦能找到一個支撐點，一個幫助或鼓勵，便可以克服自身的弱點，成為一個外柔內剛的人。

⑨哭的時候，一面還向人訴說心中的悲傷或憤怒

這種人善於和別人交往，平時喜歡參加各類的社交活動，擅長侃侃而談，甚至長時間討論一個問題也不覺得厭煩。做事有些莽撞，常常不考慮後果，一遇到生氣的事就怒不可遏，非把心裡全部的話都說出來不可，也因此才感到痛快，從一定意義上說，他能享受生活中的樂趣。

⑩哭的時候專心地哭，哭好之後再向人訴說，來個「先斬後奏」

這種人在各方面都過分自主，不僅不容許別人對他的事做任何干涉，而且不能聽取別人的意見。他總是相信自己能準確地評價某種決定的優點和缺點，過分固執地試圖達到某種目的。因為沒有人敢幫助他們，因此有時候，他們也時常表現為心事重重，無所事事。

⑪一邊哭，又會一邊笑的人

這種人胸無城府天真無邪，他能堅持自己的原則，但也接納周圍人的意見。他喜歡笑，如果處在一群人當中，他便是其中最調皮的一個，而成為注目的中心。連他自己也承認，他是個有幽默感的人，他不但可以讓自己從不快樂當中走出來，而且，也可以讓

一大群人，從不快樂當中走了出來。

⑫說哭就哭的人

感情脆弱，情緒不穩定，自信心受到壓抑，他不屬於能忍耐和穩重的人，雞毛蒜皮的小事也會使他生氣。容易發脾氣，容易失去自制力。因為他喜怒無常，說哭就哭，所以人們都不願走近他。因此他需要被人關懷與幫助的一面，便常常得不到重視，從而使情緒更加不穩定。

⑬哭泣的時候，嘴巴變成「⌒」型狀

這種人個性固執，如果某件事深深地刺痛了他，他不會通過任何娛樂方式來舒緩情緒，而是坐在家裡「折磨自己」努力忍耐，相信任何不愉快的事遲早會過去的。而當在幸福的時刻，他也會念念不忘一生中有許多不幸的事。因此，在生活中，他似乎隨時隨地都會遇到許多件不幸的事，而自己也永遠都會被包圍在永無止盡的煩惱之中。

⑭哭泣的時候，嘴巴張成「○」字形狀

這種人常常咒罵命運。但他終究還有很好的出路，因為他能把自己的難處講出來之

後，便會變得輕鬆愉快。當他做某項決定時，往往習慣聽天由命沒有想到要依靠自己的努力，所以容易悲傷，缺乏自信。

⑮哭泣的時候，用手蒙住嘴巴，儘量抑制自己的情緒

這種人十分感性，對生活的感受能力強烈，情緒穩定，自信心強，具有較強的美感，道德感和理智感。他有一定的社會活動能力，能理解周圍人們的心情與感情，做事考慮周到，顧全大局，就是在複雜的情境中，他也能很好地全面思考。周圍人的信任及與人為善的態度，對他來說是極為重要的。

⑯每一次哭泣，都需要很長的時間，從不感到疲憊

這種人最需要的便是與人互相友愛，和善相處。他們常常會因為最微不足道的理由而激動，加上他們積極，熱情，開放的性格，往往會生活得吵吵嚷嚷，熱熱鬧鬧，開心一團。他們精力充沛，在他們當中，很少有欺詐，假裝或虛偽，但也很少有謹慎、理性或實用性。

⑰每一次，哭泣的時間很短

這種人是一個十足的樂觀主義者，他們有充分的自信，有道德修養，在生人面前也能談笑風生而毫不拘束。他具有堅強的性格，能較好地經受住刺激狀態，是人們可靠的朋友，他相信不管未來多麼遙遠，依靠自己的努力，夢想就會變成現實。

⑱哭完之後，要哽咽好久才會真正的停下來

這種人對自己的身體過分神經過敏，總是考慮自己的身體狀況，因而常感到苦惱。他在做出某個決定之前，能長時間思考使自己焦慮的問題，內心的感受總是在面部表情和眼神中明顯地反映出來。做事力求穩妥，認準一個目標就希望盡快實現，而且能投入最大程度的體力和精力。

⑲已經停止哭泣，但想想又覺得很悲傷，就繼續抽抽噎噎地哭了

這種人渴望堅強，卻從來沒有做到過。他們在人際關係方面做得不太好，他們和朋友們的關係並不牢固，時好時壞，朋友和他在一起時並不感到輕鬆愉快，而他也因此難以確信自己和他人的正確之處。這類人很重感情，嚮往桃花源的兩人世界，而且是確實的努力在做。

⑳很投入地哭完之後，也很快忘記不愉快，馬上又投入新的生活中

這類人有一定程度的好勝心，在生活中往往會成功，他有很強的自我調節能力，能透徹地看待事情，在生活中，有一個力求達到的主要目標。遇到不痛快，甚至不幸的事，他容易忍受，因為他能正確估計它們；最重要的是，他不大喜歡過分愛惜自己，這是許多人不容易做到的。他的精神平衡實在值得欽佩！

第二部

身體語言篇

姿態，就是人們在生活中的種種動作。而動作，是人類的一種有待研究發現的奧祕，如果我們仔細觀察，我們會發現許多有趣的現象。

比如將雙手合攏，每個人都有其固定的模式，總是某一個拇指在上，到底是左手是右手，你在平時是否注意到？不信的話，請把你習慣的模式改變一下，你會覺得很不舒服。還有雙臂交叉，也是人類的常有的動作，據研究，雙臂交叉有許多種不同的形式，如果你換一種平時所不採取的抱臂方式，也同樣會有一種奇怪的感覺。

世界上人類有許多動作，它們不分國家、民族與地域的差別，都是一致的，不用解釋就可以相互了解。比如世界各民族在打招呼時，有一個共同動作就是抽起眉毛。這種表情，可以說是一種天生的動作。

用來模仿實際上存在的動作和事物的動作，被稱為「模仿姿態」，這種「模仿姿態」即使是外地來的人，或外籍人士也都能夠理解。例如：吃、喝、抽香菸、射擊（手槍）的動作；是不了解當地傳統姿態的人，也可以知道這些動作的意義。

還有一種叫做「象徵姿態」，它起源很模糊，很難解釋。然而這類動作很容易猜度。例如，握住拳頭，只伸出一個食指不住指向太陽穴；伸出食指，虛握拳頭，掌心向內，食指在太陽穴旁小範圍轉動；伸出食指，虛握拳頭，拳心向外，食指在太陽穴旁小範圍轉動；兩手除拇指外的手指，分別按住左右眉稍再上下來回移動；用拇指和食指的邊緣自額沿眉稍往下拖；握住拳頭，把整個拳頭放在太陽穴上小範圍來回移動，以上六種「象徵姿態」是代表不同地區不同民族的動作記號，但都表示一個意思——「腦子有問題」。

但是，也有許多極富地方色彩的動作。這些姿態只有同一地區的人，才可以有相同的理解。「形態姿態」是表現事物特徵的一種姿態，極富地方色彩。

以牛為例，三種不同文化背景的民族，雖然都以牛角表示，但姿態不大相同。如澳洲土著用來表示牛的「形態姿態」，是除食指外兩隻手握成拳，通過手腕的彎曲使拳與手臂形成直角（然後將兩手放到左右太陽穴上），使得食指往他面對的地方伸直，即用兩個往前衝的牛角來代表牛；美國印第安人的姿態與澳洲土著人大相逕庭，唯一不同的地方是手腕不彎曲，而彎曲的是兩隻往上衝的食指，而牛的「形態姿勢」在印度舞蹈家舞姿中體現出來，則在婀娜的舞步中，伸出右手，翹起食指與小指，其餘三指握緊，翹起的兩指就代表牛頭了。

還有用一根食指輕敲鼻翼，在英國是表示「祕密」，可是在義大利則變成親切的警告——「小心！」或「危險！」，用拇指和食指做成圓形的記號，因國家不同，訊號意義也不同。對於這種記號，英國人認為代表「ＯＫ」，但對大部分的法國人來說，臉上有微笑表情的是「ＯＫ」，沒有微笑表情的則代表「零」或者「沒有價值」。對日本人來說，手指的圈圈是代表金錢的記號。在另外一些地區，這動作甚至是表示猥褻。

情緒的表露，常常採不同的姿態，注意這些動作是很有趣的。

人類在內心思緒不定時，外表會顯得不安，所以有摸鼻子，舔嘴唇，搓手等安定情緒的動作。正在思索的男人，會不自覺地抓耳撓腮。

人在發怒時，有時會達到危險狀態。頭部的血液有些會流到肌肉內，有些會流到腦部。面色蒼白的人，會立刻逃跑或者發動攻擊；但滿臉氣得發紅的人，已經超越了這種階段，所以比較不具備有危險性。

人類的姿態還可以傳染。相同地區且擁有相對看法的朋友，相對聊天時，一般都會採用同樣的姿勢。

I・從走路的姿態來了解一個人

我國古代就有這樣的諺語：「站有站相，坐有坐相。」又有「站如松，坐如鐘，行如風，睡如弓」等等。從這幾句諺語可以看出，我國古人做任何事都有一定準則，一定規範，他們以這些規範判斷一個人的高貴或卑賤，可見古人已「無所不相」了。例如，古人把人類的站立的動作，附會於動物或別的事物的形態，來判斷人的性格。

行走，有進有退，有直線有轉折，從這些進退的過程，可以看出一個人的貴與賤的品格來。而這個「進與退」的分寸，可以引伸到他為人處世，接人待物的行止方面。善於處世的人，他的行走如舟得水，披荊斬棘，無往不利。而不善處世的人，他的行走步履維艱。

我國相書記載得最多的是貴人與小人的相法。下面簡單列舉一二：

一、凡屬貴人之相，大多是這樣的——

(1)行走起來身體平穩，就像「飛流直下三千尺」的瀑布一樣，直貫而下，不因外界的變動而動搖的姿態。

(2)行走的步子，雖然極盡周旋，也不失剛開始時的端正，不論是進還是退，都能達到一個限度，不會過分，總給自己留著一條後路。

(3)行走的時候，挺胸抬頭，步履較快，不管是進是退，是昂是俯，都如風行雷厲，動作敏捷乾脆，而不帶凝滯的人。

二、凡小人之相，大多是這樣的——

(1)行走起來身體不平穩，如同行走於火焰上小心翼翼的人。

(2)行走的時候左顧右盼，或者兩個肩膀有高下，斜著身體行走的人。

(3)低著頭走路，腳跟也不著地的人。

著名的相術家許貞是這樣說的——「凡相行，須行十步即喚回頭，左轉者，必有官職，右轉者，無官職、無衣食。」

就是說，如果要給一個人相行，那就讓他往前走十步，十步之後在後面叫他，看他如何回頭，如果聽到聲音後頭往左轉，那就一定會有官職；如果頭往右轉，那麼既無官職且生活困頓。

許貞大師又說：「凡相行，須令立定，即喚之舉足。行若先舉左足者，貴；先舉右足者，賤。行走低頭者，多思慮；行步自言自語者，賤；行時一踏步而一俯一仰者，賤相也。」

這段話的意思是，如果給一個人相形，就要讓他走路。行走時，如果左腳先跨出去，那麼這是貴相；如果右腳先跨出去，則是賤相。行走時一直低著頭像在思考什麼問題，這種人本身就是個多思慮的人；走路自言自語的人，也是一種賤相。每行走一小步，身體就隨之一仰一俯，是賤相。

古人對於相行已有了很深入的研究，現代，我們再在古人研究基礎進一步發展探討，從個人不同的行走姿勢來看他的性格與個性。例如：

① 走路時步履輕鬆，抬頭平視，不東張西望，身體挺直平穩

這種人給人一種威儀的感覺，如果要轉身看事物，那麼頭連向身體一起轉向要看的

那個事物，這種人心胸坦蕩，正直，充滿自信，主觀意識比較強烈，做事專心一致，認真刻苦，才華橫溢，前途光明並且不可限量。

②行走時，常常左顧右盼，或頻頻回頭的人

這種人性情浮躁，做事從不專心，並且常常是神經過敏，疑心病重，總是疑心有人會傷害他，其實是他自己心中有鬼，做了令自己心中不安的事，而時刻感到不安與恐懼。這種人大多屬於神經衰弱。

③行走時，步履穩重緩慢的人

這類人像牛一樣忍辱負重，能吃耐勞，平時平凡且沒沒無聞，也從不爭寵邀功，他有很強的忍耐力與適應力，不管再艱苦的環境，他都能深深札下根，辛勤勞動，能積財，但因忠厚老實，往往會被別人利用。

④行走時，步伐非常快，好像是踮著腳尖在走，而腳跟沒有著地似的

這種人喜怒無常，心浮氣躁，做事毛手毛腳，記憶力欠佳，總是記了這樣忘了那樣，而且不分輕重緩急。他不大考慮別人的看法和態度，總是以自己的愛好和憎惡去對

待別人，然而心慈面善，俗話說：「刀子口豆腐心。」這是一種勞碌無福的相，古代相書上說以這種姿勢走路的人。往往賣盡田地和家園而背井離鄉。

⑤走路懶散，毫無規律和節度的人

這種人心地純真，沒有心機城府，非常敦厚質樸。但有時過分好奇，愛說閒話，所以時常會讓人有點不耐煩。

⑥走路時，步伐東倒西歪，好像喝醉了酒似的

這是典型的自私自利的人，並且倔強而固執，他不論走到哪裡都會給人這樣一個印象；他極力要把自己的意見強加於人。有時候特別生硬，不尊重對方，是個以自我為中心的自我主義者。正因為他有這樣的性格，因此他的叛逆反抗性也特別強。

⑦每走一步，都會渾身搖擺，看上去吊兒郎當的

這種人不務正業，不負責任，鬼計多端，容易記恨，別人欠他一粒米，他要人還一斗米，生活漫無目的，卻很是任性自私，只要自己開心，損害別人的利益也在所不惜，這種人沒有真正的朋友。

⑧走起路來，搖頭晃腦的人

彷彿古代老先生朗誦詩文，這種人沈溺於幻想而不務正業，他們天生溫和安靜，神經敏銳，且伴有自憐情結，有時也孤芳自賞，他缺乏自信，不願待在人多的地方，缺乏面對生活的勇氣，一直活在自己幻想的世界中。

⑨歪斜著脖子走路的人

不管脖子歪向左方還是右方，他們的共同點是容易驕傲自負，看不到「山外有山，人外有人」，因此常常輕視別人。明明是他錯了，卻不願承認錯誤，所以，縱然的確有所才幹，但如此目中無人，也往往招致破敗。

⑩走路自言自語的人

這種人大多孤獨寂寞，無人陪伴，個性很內向，在陌生人面前容易害羞，他們喜歡幻想，常常一人分飾兩角，自己和自己說話，而且神思不定。

⑪走路時，往往每走幾步便跳一步的人

這種人不合群，喜歡獨自玩耍，往往達到自我陶醉的地步。

⑫走路時，上下樓梯喜歡一次跨過二、三個階梯的人

他們性急浮躁，做事缺乏耐性，意志力比較薄弱。

⑬走路時，跨著大步行走的人

這種人性急，為人大度自信，有事業心和執著精神，活力充沛，活動能力也相當強，但因太過率直、並因缺乏待人處世的圓融變通性，而導致許多事情的失敗。

⑭走路時，跨著碎步行走的人

這種人過分輕信別人而對自己卻缺乏自信，他僅僅憑別人對他是否微笑，對他的態度是否和善來評價別人，一旦證明他的結果完全錯誤時，他就十分傷心。這種人心中沒有抱負，是庸庸碌碌，無為之輩，為人吝嗇，別人大都不願同他合作共事。

⑮走路時，上半身在前頭的人

能堅持自己的意見，富有正義感，喜歡湊熱鬧，樂於助人，往往因熱情過頭而變成多管閒事；但有時也不免過於自負。

⑯ 走路時，上半身慢於腳步

這種人挺胸凸腹，一副飛揚跋扈的囂張神情，自以為高人一等，實則卻是一個碌碌庸俗之人。

⑰ 走路時，腳尖朝外而且向上的人

他們注意平凡生活中的點滴樂趣，並且能充分去享受它。他們往往精力充沛，做什麼事都充滿了幹勁，他們越是遇到困難，克服困難的決心就越大。對任何事，都保持一份好奇心，喜歡尋求刺激與新鮮的事物，有時甚至投機取巧。

⑱ 走路的時候，腳尖向內而且向下的人

他們大多數性格內向，喜歡安定本分的生活，不想趕潮流，更從不搞怪，他們為人處事比較保守。但工作勤奮踏實，適應能力很強，在任何情況下都能生存，而且富有耐性與韌性。

⑲ 走路成外八字形的人

這種人性格非常開朗，屬於開放型，能迅速接受新事物，反應敏捷靈活。他有強烈

的自尊心，絕不容許別人的侵犯，有事業心，決定的事一定去做好，幹勁十足。別人一旦冒犯了他，他便表現出其攻擊力的一面。

⑳走路成內八字形的人

這種人性格內向，小心謹慎地做每一件事，有特別強的耐性，這種人和走起路來腳尖朝內而且向下的人，有著相似的性格。

㉑走路時，聳矗著肩膀的人

為人拘謹，內向而且膽小。他們因不知怎樣與人交往而顯得過分自卑，又不敢面對現實，諱疾忌醫，拒絕別人的幫助。一旦有人無心觸痛了他的自卑感，他會憤怒，表現出很強的自尊，這是一種由自卑帶來的強硬自尊。這種人較不踏實，對自己往往沒有什麼嚴格的要求。

㉒走路時，肩膀斜晃的人

具有這種走相典型的人，就是地痞與無賴，他們無理取鬧，驕傲任性，沒事找事，別人往往見而遠之。

㉓ 起步時先出左腳

這種人運氣非常好，命運通順，好比一條筆直的大路，風平浪靜的海面，如果擁有「天時、地利、人和」的條件，往往會做成大事。

㉔ 起步時先出右腳

這種人的命運恰好和先出左腳的人相反，他們運氣沒有那麼好，常為生活勞碌，而往往還有飛來橫禍，如健康問題，或者破財等，命運不通達等。

㉕ 鞋子前面先損壞的人

這種人性情急躁，當認定一個目標便不顧一切地向這個目標靠近，而從來不管旁邊人和事。辨事往往風風火火，但粗枝大葉，心急氣躁，因此往往不能取得本來應該得到的那樣成功。

㉖ 鞋子後跟先磨損的人

這種人老成沈穩，慮事周全，做事往往先把這件事的各個環節都細細考慮而後行。他們能博得別人的信任和幫助，因此，他們往往不用花很大的心思就能取得成功。同樣是後跟磨損，也可以分成內傾或外傾——

一、鞋跟外邊磨損得比內側多，因此鞋子成外傾，這種人確信自己有魅力，但往往因太過自信而變得盲目。

二、鞋跟內側磨損得比外側多，因此鞋子成內傾，這種人有敏銳的觀察力，他可以通過別人的言行來判斷這個人的想法。因此不管在什麼情況下，他都不會變得措手不及。然而，他為人保守，不善於與他人交流。

一般如以上各種情況，大體上可以判斷一個人的性格氣質。然而，一個人在進行某種行為活動時，都是在一定的情緒支配下進行的，因此，行為時的情緒往往會影響這種行為的具體表現，我們如果忽略了情緒因素，那麼判斷性格往往就有差錯。

比如走路上身搖擺幅度較大的人，我們一般都會認為他吊兒郎當，不務正業而且是個鬼計多端，任性自私的人。但如果我們有急事而加速上樓梯的時候，往往會發生搖擺較大的情況；又如歪斜著腦袋走路的人，我們可以得知他是個驕傲自負，目空一切的傢伙，輕視別人的成績，對自己，即使有了錯誤也不願承認。

然而，當一個人有了心事，他走路時，一邊行走一面專心在考慮這件事的時候，往往也是歪著腦袋的，而事實上他或許並非是一個驕傲自負的人。

還有許多例子，譬如一個失業或者事業生活上有不順的地方的人，他往往顯得垂頭喪氣，並無意識地靠著路邊走。如果一個人靠著路邊走，但精神飽滿，昂首挺胸的人，則是一個熱愛和平、奉公守法、心胸開闊，而且誠實可靠的人。

因此，我們在研究一個人的身體語言時，必須分清，這個行為是在特定背景或情緒下的暫時行為，還是潛意識中的可以判斷他性格的習慣性行為。

人的行為除了受到特定情緒或背景的影響外，往往還會受制於一定的社會道德和風俗習慣，比如同行，一般如果同輩同行，而走在同伴最後的人，可以判斷他是個內向且不善於交際，喜歡隱藏自己的人，但與長輩同行，小輩就宜落後於長輩半肩，或者索性待在後面，這種情況下，我們就不能輕易判斷後者是個內向的人了。

所以，綜合以上種種，我們知道，除了行走，還有許多人體行為姿態，如坐下來，吃東西，握手等等，都會受到道德、習俗，甚至一時的情緒所影響限制的，因此，我們在根據體態姿勢判定人的性格之時，必須有一個全面的考慮。

2．坐相也是大有學問

相信你一定也有過這樣的經驗。小時候，吃飯時，你把腳翹起，搭到你坐的凳子上，大人在你腳上重重一拍：「小孩子家，坐有坐相，腳翹得那麼高，成何體統？」這裡的「坐有坐相」及所謂的「體統」，都是人類文明發展的產物，相信茹毛飲血的原始居民，是不會有什麼「坐有坐相」的教條來教導下一代。

在我國古代，特別講究坐的席次禮儀，譬如以東為主，以西為賓，男左女右之類，它說的是宴請賓客的時候，向東的位置是主人坐的，向西的位置留給賓客，如有女賓客，則一般女賓坐在男賓的右側。可見，這種坐法是遵循了一定的格式的。

近代，對於坐的禮儀雖已不如古代這般重視，但多少還是有點講究的，在某些場合如果有不恰當的坐相，很容易引起別人的反感。這裡，列舉幾種很不禮貌的坐相——

男女雙方談戀愛，初次約會，如果男方正對著女方的正面坐下，這種架式很令對方感到緊張甚至壓迫感，談話往往不能很順利地進行。假如能和女方坐向同一個方向，只要身體稍微側向女方，這樣談話會順利地進行下去，而且，這種坐姿能讓女方感覺到關懷和安全感。

在一般的場合，如果有女性在場，應該讓女性先坐下。否則的話，會給女方認為這男的自負任性的感覺，還有一種坐姿也會給人這種感覺，便是突然而且用力地坐下並發出巨響的人，這樣很難博得別人的好感，還會讓人領教他的橫行霸道。

除了以上種坐姿，還有一些不禮貌的坐法，比如與人坐著交談的時候，雙手枕於腦後，或者雙手抱胸，手撐著下顎，或者坐不安穩動來動去，一副很不耐煩的樣子。

在會談時，若能透過姿勢、動作察覺出對方想終止會談時就結束會談，也就不會因為他不耐煩而影響會談的結果了。一般來說，雙手放在膝蓋上，又微微傾向前方，這是一種想結束會談，並隨時準備站起來的典型姿勢。另外，如果與會者用雙手扶住椅子座面的邊緣，同樣說明他越來越不耐煩了。

一些參加面試的人，冷靜地坐著，表面輕鬆，面帶微笑，肩膀自然下垂，手的動作和緩看似雍容自若。但你看看他的腳，兩隻腳扭在一塊兒，好像在互相尋求安全感；然後他兩腳分開，幾乎不為人知地輕輕叩擊地面，好像想逃走；最後，他又兩腳交疊，懸

空的那隻腳上下地抖動著，雖然他坐著沒動身，卻透露出想逃脫的意願。

以上種種，都是些發生在每個人身上的行為細節，而我們總是輕易地忽略了，於是很難去了解他人的行為所蘊含的豐富的心理內涵。

下面，便簡單列舉幾條坐相，及它們所蘊含的人的性格及其內心世界。

①坐定後，雙手交相握住，並放在膝上

這是一種被動的坐相，大多數是面對著陌生人，或身分地位比自己高的人，感到異常拘束才有的坐相，多數情況下女性有這種坐相的比較多，從中顯示出她的矜持。如果這種坐相見於男性，那麼他是個悲觀主義者，為人處世相當消極，不願去積極爭取。

②坐時背靠著椅背，將雙手枕在腦後

這是一種有欲望，有野心，有強烈支配慾的人，他們大多自私固執，為人刻板甚至冷酷，他們是很好的生意人和企業主管，為個人利益出謀劃策，精力充沛。

③坐下後，雙手托著腮幫子的人

這種人往往誰的話都會相信，常因過分相信別人而吃虧，但他們依然不悔改，儘管被人利用，也吸取不了經驗。但他們十分天真率直，不會虛偽，也不懂生活中的爾虞我詐，他們胸無城府，快樂地生活在自己的世界中。

如果女性有這種坐相，則暗示她非常有依賴心，她需要別人的安慰和幫助，是個十分溫柔善良的人，她會是一個好妻子，也將會是個好母親。

④一坐下來便呵欠連連，或者無意之中撫摸眼皮的人

這種人他對於談話一方的所談內容並不十分贊同，但因這些內容使他聯想到另一些東西，比如如何使生活水平提高，如何才算更好地去享受物質所帶來的歡樂。因此，雖然表面上對所談內容不屑一顧，實質在內心已打算要去親身經歷一下的傾向。

⑤坐下來後，仍不忘用手再去檢查一下頭髮、服裝是否整齊的人

這種人重視體面，愛慕虛榮，很看重別人的意見和批評，他們有敏銳的觀察力，注重細節，是個聰明的人，有「聰明反被聰明誤」的傾向，而且心有餘力但魄力不足，因此往往沒有他們所預料的那樣成功，反而剛愎自用，從不在自己身上尋找原因。榮譽感強烈，又帶有輕微的神經質。

⑥坐定了之後，反覆從口袋取出東西再放進去的人

這種人感情十分脆弱，經受不住打擊。情緒時常顯很不穩定，易喜易憂，甚至恍恍惚惚，內心十分孤寂，需要別人的愛、安慰和幫助，但不願開口要求。他們面善心慈，容易輕信別人，沒有很強烈的主見，常受別人威脅利用。

⑦坐定下來後，喜歡將兩手放在背後的人

這種人的坐姿就好像背後藏著東西不讓別人知道，從這種坐姿中，可以暗示他為人相當陰險狡詐，從不以真面目示人。他心口不一，往往嘴上是一套，背地裡又是一套，正如他嘴巴在和人交談，心裡卻正想著別的事情。這種人往往好高騖遠，不切實際。

⑧坐時把雙手墊在屁股底下

這種姿態最常見於不安心聽講的學生身上，他們不耐煩聽課，便無意將雙手壓在屁股底下，這是能夠想入非非的最坐姿勢，看上去一聲不吭很認真地在聽課，其實心中早已別有所思。

⑨坐時，不停盤弄手指頭

這種姿勢大多表示心中有所不決，也可能心中已決只是羞於啟齒時的猶豫。

雙手交錯時，女方右手拇指在上，或者男方左手拇指在上，表示這種人性情開朗，為人積極，懂得去爭取與把握，他們觀察力非常敏銳，卻總是看不透情人的心，不知對方在想什麼，因此常顯苦惱。

如果女方左手拇指在上，或男方右手拇指在上，表示這種人性格溫順，沒有明顯的是非觀念，為人隨和。他們遇事總顯得優柔寡斷，但往往忍耐力驚人。而且他們十分天真，樂意接受別人的忠告，並且付諸行動。

⑩翹著腿坐著，不斷用手有節奏地拍打膝蓋或脛部的人

這種人心眼比較粗，不注重細節，不能十分體貼人，容易煩惱，暴躁，往往以自己為中心，我行我素而從不體諒他人的感受。因此性情浮躁，因此適應能力與耐性極差。而且，他們常有遷移的煩惱。

⑪坐著，不停玩弄頭髮的人

這種人多性情浮躁，喜歡與人交談，熱中於吹牛，說話誇張，是個夸夸其談而不會

幹實事的人，雖然常識還算比較豐富，但從不用在正經事上，往往因好色而導致破財。

⑫ 坐時，一手把著手肘，一手撫摸著臉頰

這種姿勢的人表明他們正遭遇感情或事業上的煩惱，事實已擺在眼前，他們卻仍存著一份幻想。他們願意找人交談，聽聽別人的看法，其實他們心中已有決定那就是他的幻想，他只想聽聽別人的意見而不會去照著做。

⑬ 坐時，喜歡盤手交胸的人

這種人他們有主見，有時甚至會達到固執己見的地步，但他們從不願與他人爭吵，最多不過是沈默。他們大多具有外柔內剛的品性，處世十分謹慎小心，每走一步都經過周密的思慮，即便他們走錯了，也從不否認自己的錯誤，而且勇於面對現實。

⑭ 坐下來，兩手肘張開的人

這種人有開朗的性格，超前的觀念，但為人過於驕傲，固執己見，從不聽別人善意的忠告和建議，也不聽別人的指令。如果兩肘分別放在兩邊的椅子扶手上，這種人儘管剛愎自用得很，但至少還會去考慮別人的忠告與建議，還是顯得比較聰明與理智的；如

果雙手扶撐著椅子扶手，似乎隨時就可以站起來的人，他是個雄辯家，而且是個自負的雄辯家，他能傾聽你的談話，在傾聽的過程中找尋你的缺漏與可以讓他穿洞的地方，等你話題一停，他便立即開始反駁你，讓你沒有招架之力。

⑮雙手放在膝蓋上稍微分腿而坐

這是一種小輩與長輩同坐的禮貌坐姿。如果是男生，則暗示這種人情緒穩定，有自控能力，生活有規律，為人有原則，贊同社會法則，本人也是個循規蹈矩，奉公守法的好榜樣，他喜歡穩定安全的環境，而且在這樣一種環境下通過自身力量而取得成就。如果女性有這種姿勢，則表明她們出身寒微，接受的教育層次不高，但她能認識學習的重要性，而且能力爭上游；而如果平輩同坐也像這樣拘謹，那麼他們定是非常保守，器量狹窄的人，或者就是做錯了事而有求於你的幫助。

⑯坐時，把雙手放在大腿內側的人

他們精力充沛旺盛，為人處世執著追求，具有反抗性和攻擊性，有很強的自控能力，善於掩藏放蕩與暴露的欲望，也善於克制自己。他們大多具有豐富的幻想力，有時候像孩子，也表現出自私，有侵犯性，很少為別人去考慮。如果是男性，則是個有野心和佔有慾的人，很容易引起女性的反感。

坐時，如果把雙手放在雙膝間的椅子的邊緣上，並且使身體往前傾斜的人，表示他們思慮複雜，情緒多變，疑心重重，他們渴望關愛但不能表達自我，因此願望總也不能實現。為人怯懦，雖心地善良，但終因消極而不能取得很大的成功。往往神經敏感而帶有神經質，很可能有精神分裂的傾向。

⑰ 坐下後，上身彎曲向前，把雙肘放在膝上

有這種坐姿的人有很強的依賴性，他們情緒不穩定，意志薄弱，怕吃苦。但又拙於言辭，不善於表達自己的感情，常使愛情友情失之交臂。他們不善於堅持真理或者自己的原則，崇拜權利，容易趨炎附勢，一般不能有什麼大的成就。

⑱ 坐定後，立刻把手臂交叉起來的人

這種人自以為「才高八斗」，所以驕慢自負而看不起別人，做人愛挑剔。但面對有權有勢的人，他往往極盡溜鬚拍馬之能事，喜歡「狐假虎威」。

如果女性有這種姿勢，則她能言善道，而且有男子一般強悍潑辯的性格，說起謊來也很鎮定自若。

如果男性有這種姿勢，則屬於典型的自高自大的男子漢大丈夫主義。但另一方面，這種姿勢又表示拒人於千里之外，它包含了拒絕、排斥，甚至不容侵犯的含義。

⑲坐定後，將一隻手放在另一隻手的手腕上的人

他們性格比較內向，愛寧靜，不喜歡和他人交往。如果女性有這種坐勢，則暗示她有安靜善感的個性，生性澹泊悠遠，給人以「空谷幽蘭」的嫻靜之感；如果男性有這種坐勢，則說明他性格矜持內向，有時甚至表現出怯懦。他們大多有潔癖。

⑳坐定後，將一隻手放在另一隻手的手臂彎曲處的人

這種人自視極高，他們很注意檢點自己的衣著言行，但極愛面子，因此往往愛慕虛榮，甚至自欺欺人，他們平時鋪張浪費，但又拙於理財，也不善於治家養家。

㉑坐定以後，不停地抖動並搖晃雙腿的人

他們容易急躁。而且在情緒不穩定的時候便常有這種姿態，也正體現其思想的不成熟。這種人思維零散，沒有確切的人生目標，人云亦云，又加上他們心地馴良保守，因此很容易被人左右。

㉒坐定後，雙腿緊緊合併

這是一種「模特兒坐姿」，一般是椅子高度低於雙膝的時候，僅腿併攏且微微向前傾。有這種坐姿的人，暗示他有一個良好的家庭環境，而且本人教養也相當好。但他們往往比較膽小，不敢表達自己內心的情感。如果是男性，則他的「娘娘腔」很容易引起別人的反感。

㉓坐時兩腳張開的人

這種女性的性格不讓鬚眉，她們爽直俐落，在事業上不甘落後他人，爭強鬥勝。但她們又表現出自私自利，自負任性的一面，只在乎自己而時常忽略他人，不知體恤別人的辛勞；坐時雙腳大大張開的男性，往往是不拘小節，性格粗獷，放蕩不羈的個性。

如果只是因為疲倦而把雙腳向前大大伸直分開的人，表明他不堪忍受外界和心理的種種負擔，並希望能改變目前的狀況。

㉔坐下來就翹起二郎腿的人

這種人不拘小節，個性純真率直，以樂觀的心情面對生活。

一、右腳盤置在左腿上的人，他們對生活沒有確切的認識，他們生活散漫，缺乏一個明確的目標，因此運氣從不光顧他們。

二、左腳盤置在右腳上的人，他們個性積極開朗樂觀，有目標，並且不斷地刻苦努力，朝著這個目標邁進。他們還喜歡追求新鮮與刺激。在他們的世界中，充滿了上進心。

三、與人並坐時，翹起的那隻腳的腳底朝向並坐的人，這種人倚老賣老，自負任性，把同座當成弟弟妹妹或小輩，暗示自己的優越感。

四、與人並坐時，翹起的那隻腳的腳底背向並坐的人，暗示與同坐的人話不投機，難以溝通，有隔閡，因此，腳底背向並坐的人，表示有拒絕或排斥的意思。

㉕翹起單腳而坐的人

他們的居住運不是很好，一生當中要搬遷許多次，因此常顯得焦慮，煩燥和精疲力竭，而且到了老年也要被貧窮所包圍。

㉖坐定時，看著天花板的人

往往遭遇生活和感情上的煩惱，但苦於心有餘而力不足，雖然想付諸行動，但卻得不到現實與客觀條件的許可，而陷於深深的困惑與煩惱中，苦於得不到解決的辦法。

㉗坐定時，時常轉頭打量周圍的人

他們情緒十分不穩定，意志薄弱，膽小怕事，如果他們做錯了事，便到處找尋理由來搪塞責任，因此，他難以承擔責任。

㉘喜歡利用坐著的時間來閉目養神的人

他們明辨是非，有明確的善惡之分，凡事都喜歡親自去處理，如果有人代為辦理，他們會顯得很不放心。他們有很強的生活能力，主觀意識強烈，是個果斷又執著的人。

㉙坐著時，喜歡仔細觀察自己的指紋的人

大多屬於傳統說的「勞碌命」。他們勤奮努力，做著最乏味機械式的工作卻毫無怨言，他們希望能用自己的勤奮勞動，來改變目前他不滿意的生活水平和環境，但往往不能解決任何問題。

㉚坐下後，眼睛看著膝蓋和腳尖的人

他們內心有很深的自卑感，或因家庭出身貧困，或因技不如人，他們逃避現實，在意別人的眼光，往往自討苦吃，自尋煩惱，不但不能取得什麼成績和成就，反而常常會

遇到挫折或失敗；如果有這種姿態卻不是由於內向而引起的人，那麼暗示他有明知故犯的傾向，他明知不該欺騙利用別人，而心中卻正盤算如何去欺騙他人。

㉛有人邀請入座時，也從不輕易入座的人

他們無論做什麼事都會有自己的一套原則，而且會嚴格遵循，很難打破。而且性格比較固執倔強，有強烈的自我表現慾。他們表面上看拘束禮貌，甚至有些縮首縮尾，但實際上依然是個不趨炎附，不太隨和，個性強烈，是個我行我素的人。

㉜坐下時，深深靠入椅背，並且顯出非常疲憊的神情

這種人一生為生活奔波勞碌，做事沒有穩定性，意志很薄弱，常常知難而退。平時，他們的居住處與工作場所時常更換。至少，目前的情況，正暗示了他在工作或住的方面，陷入了深深的煩惱和疲憊之中。

㉝坐著時不很安定，時常要變換屁股而坐的人

這種人屬於「魂不守舍」之類，他們對於什麼都不很在乎，缺乏明確的信念目標，也缺乏理智的支配，因此他們遇事意志不堅，時常「掛羊頭，賣狗肉」，喜歡新奇有

趣。他們特別容易被異性所誘惑。

㉞坐時，坐著什麼就靠著什麼的人

這種人善於處理人際關係，具備一定的聰明才智和領袖才能，但他沒有堅強的意志和宏偉的目標，又因不願得罪別人的溫和主義，使他始終未能採取任何行動來證實自己的實力，因此，他不會取得太大的成就。

㉟坐下時，給人感覺很用力的人

重重的坐下，如果是女性，那麼從表面看她是個非常堅強固執甚至有點強悍的女性，但實質上她們外強中乾，表面強悍，內心卻並不十分有主見，容易輕信別人。特別是當她們遇到煩惱或困難時，更是四處求救，希望得到別人的幫助；如果是男性，則他是一個為人不偏不倚的人，他敢做敢當，不論事情有多糟，他都會承擔起屬於他的那部分責任而不是消極地退縮。他不容易有煩惱，他拿得起放得下，非常乾脆俐落。

㊱坐時脊背挺直，甚至稍帶誇張，讓人感覺身體在向後彎的人

這種人善於偽裝，坐得筆直的姿勢，表示他在認真聽人講話，但因為這種姿勢不能

長時間保持，因此他是故做姿態，其實已經很不耐煩別人的囉嗦，對於別人話一丁點兒也未曾聽進去，而是急迫地想停止這次談話。這種人非常老於世故，處事圓滑，心機多。他喜歡在眾人面前表現自我，亂說大話而不負責任。

㊲側坐於椅子一邊，或靠著椅子扶手坐的人

他們心思細密，為人處世小心謹慎，常「以小人之心度君子之腹」，不管面對何人，都能表現出很尊敬謙遜而很親暱的樣子，實際上他心中早已有定論，他討厭誰，提防誰，只是不願表現出來而已！

㊳坐下來的時候，右肩比左肩低的人

他們在任何時候都好像揹著一個沈重的包袱。這種人容易自尋煩惱，感情又極其脆弱，受不了任何大大小小的打擊。平日裡多愁善感，喜歡將自己想像成悲劇的主人翁，所以時常悲悲切切。他們是「身閒而心不閒」的無福之人。

㊴坐下來的時候，左肩比右肩低的人

他們十分好動，甚至好鬥，不太在乎自己及他人的心理感受和感情，為人豪爽，容

易輕率地做決定。他們喜歡譁眾取寵，一生當中雖然沒有太大的波折，但也沒有太好的享受，大多是為生計而勞碌奔忙。

㊵ 坐時縮著脖子的人

這種人膽小而怕事，性格非常保守，不開通。他們沒有奮鬥的目標，更缺乏進取的精神。意志單薄，沒有信心和耐心，一遇挫折困難就打退堂鼓，還整天咳聲嘆氣，這種人一生都不會有什麼大成就。

㊶ 坐時伸著脖子的人

這種人性格游移不定，平日生活散漫，沒有確切的目的，只注重追求物質上的歡樂與享受。坐時伸長了脖子，往往暗示著近來正受流言誹語，以及金錢的困擾，非常容易受騙上當。

㊷ 坐著談話時，額頭莫名奇妙地癢了起來的人

這種人有纖細的神經和敏感的洞察力，往往在他的潛意識裡有某種預感，那就是他所提出的意見或者請求，馬上就會被實現。

㊸ 坐下時，立刻就猛吸菸的人

這種人情緒很不穩定，但他們個性十分固執，自尊而又自卑，他們不願結交朋友，也不願把自己的煩惱告訴任何人。這並不代表他們的煩惱可以減少些，反而讓煩惱日積月累而難以排遣。他們對待別人和自己都顯得非常輕率，不善於治家理財，希望藉著渠道來穩定情緒和發洩內心的煩惱。

㊹ 坐下時，屁股坐得直到椅背的人

這種人不拘泥於小節與世俗，他們見識豐富，為人非常隨和，不論遇到什麼樣的問題都能應付自如，散漫隨便從容地解決它。為人不計較，因此深得人們的喜歡和尊敬。

㊺ 在幾張緊連在一起的椅子上，往往會選兩張椅子中間坐下的人

目前往往被兩個問題困擾著，因此常顯心神不定。他們大多善良溫柔，甚至害羞怯懦。他們沒有自己的原則和想法，像根風中的草，極易被人說服，他不喜歡得罪別人，處處忍讓，以求天下太平無事，因此在別人的眼中，他是個缺乏個性的人。

㊻剛坐下，耳朵就紅起來的人

總的來說，這種人比較內向，性格怯懦害羞。如果是女性，則很可能想到自己的感情，或者聽到別人在談論男女關係而感到難為情。如果再看到她含情脈脈地低著頭，偶爾才抬起頭拿眼睛看一下對面的那個男子，隨即又很快轉移視線，聽人談論時，兩手無所事事地玩弄著手中的小物件，如撫摸椅子的扶手，玩弄手絹，或者不時用手指梳理、撫弄頭髮，這些現象，都可能在暗示她對那個男子發生了愛情，只是因為害羞，沒有說出口而已！

㊼屁股坐在椅子前方，而頭背部靠著椅背，將腰部空出來的人

他們感情豐富，不管對待任何人都能十分熱情好客，喜歡結交朋友，且赤膽忠心，傾囊相助有困難的朋友，但他本身常會處於一種孤寂無助之中。他本身問題已經夠多，但偏偏又是熱心腸好管閒事的人，往往——「好心做成了壞事」。這是一種很不禮貌的坐勢，也表示他感受到了身心的疲倦。

㊽坐著聽人講話或獨坐時，牙齒常因磨咬而發出響聲的人

表明他最近財運不佳，口袋裡明顯沒有幾個錢了，又無處向人去借，可偏偏最近又

有不可少的生活開支要付，感到十分煩惱與心急。

㊾把桌椅擦乾淨後才入坐的人

這種人家庭條件優越，平時養尊處優，主觀強烈，不為他人著想，而且喜歡頤指氣使，不受拘束。他的婚姻或者住處，因此會有所變更。

㊿不論在車上、餐廳、還是參加聚會，都喜歡坐在角落的人

這樣的人喜歡封閉自己，平時，他們鬱鬱寡歡，不合群，心中被自尊的煩惱所困惑，感覺不能自拔，其實這是一種神經質的表現。他們顯得孤寡無助，缺乏自信心，但又害怕別人對他進行批評指正，有諱疾忌醫的傾向。

3・睡姿傳達的信息

睡眠是人一生中必不可少的東西。我們可以通過演算一道習題，來印證睡眠在人的一生當中所佔有的分量。一天一共有二十四個小時，假若人一天須睡八小時，即佔了全天的三分之一。如果一個人能活七十五歲，那也就是說，一個七十五歲的人，在他的一生中有二十五年的光陰是在睡眠中度過的。這數據說大不大，說小卻也不小，但足以說明睡眠對於人的重要性。

睡眠的主要作用是休息，讓勞碌了一天的身心得到休息，以儲備第二天的精神和體力，相當於「能量再造」。近年來，科學家除了研究人類睡眠時候的精神意識狀態如「夢」，並且，也對人類睡眠時候的姿勢，做了不算太正式的研究。研究一個人的睡相，有許多困難的因素存在，因為一個人的一次睡眠中，因翻身而往往有好幾種姿勢，很難要求別人做長時期的觀察紀錄，因此，研究的時候，僅僅只限於研究這一時刻的睡相來判斷，或者自己只能憑自己的習慣直覺判斷。所以，我們這裡所說的研究睡相，只是一種很習慣性的概念。睡相判斷的不準確性便從中體現了出來。

在我國古代，對與睡眠時的姿勢來判斷一個人的性格早就有各式各樣的說法，這裡摘錄詩一首，便是古代睡相的簡單歸結。詩曰——

貴人臥起氣調勻，喘息恬然似不聞，
連睡一宵君不覺，手如攀物福神尊，
臥似笨豬氣不如，貧窮乏食走奔波，
更於夢裡多狂語，每向人前妄語多。

1．仰臥的人

①仰臥時，雙手雙腳平放在床上，成「大」字型的人

這種人非常純潔質樸，心無雜念，有時不免給人以幼稚的感覺，但他們中絕大多數能博得人們的歡迎。他們為人樂觀，熱情友好，情感熾烈豐富，他們對待自己的事情態度很是隨意，從未把它當成正事，但不管遇到什麼事都會尋求解決的辦法，而且通常能

順利解決。

這種人大多有一個聰明的腦袋，運轉靈活，他們充滿了自信和希望，朝著自己的生活目標不斷努力，最後，他們能過自己理想的生活。而且「大」字型睡相的人，往往有一個健康的體魄，氣色和腸胃都特別好，難得生病。

②仰臥時，兩手分開並且向上舉，兩腿分開而彎曲

這是嬰兒時候的仰面睡相，又像蛙式的睡相。這種人在人群中個性是十分突出的，他們性格剛烈，意氣風發，人格非常高尚，不與人同流，更不合污。他不但有自我主張，而且當別人之間有了爭端或糾紛時，也常請他前來調節，人們都信任他，他是個公正並且講理的人。

③仰臥時，立著雙膝睡覺的人

他們不管什麼時候，都可以拿得出自己的主張，而且總是憑個人的主觀感覺行事，他們還具備出色的領導才能。他們大多體力充沛，嚮往旅行、遠遊，因此生活並不十分安定。這種人具有雙重性格，當他們為別人做事或工作的時候，勤勤懇懇，腳踏實地去完成任務，無論做什麼都小心翼翼，而且勇於承擔責任，但如果讓他處理個人事務時，他便會因不必負責任而顯得漫不經心，不是做壞了就是半途而廢，不了了之。

從外表看來，這種人為人小心，循規蹈矩，但如果一涉及男女關係，則會顯出開放爽朗的一面。因此，他們是屬於雙重人格的人，有時循規蹈矩，時率性放縱。而他們中大多數活潑開朗，與人和睦相處，而且能懂得怎樣來調節自己的心情。

④仰臥時，一隻腳弓起來，另一隻腳伸直睡覺的人

這種人情緒比較不穩定，性格保守內向，思維跳躍很快，別人猜不透他們一般情況下在想什麼，他們忽喜忽憂，全憑自己的情緒。他們中大多數有愛慕虛榮的傾向，沒有自我控制能力，常追求新鮮與刺激。為人很隨意，不會拘泥於形式與小節。

還有另一說法是，右腳弓起的人，表示左半身比較疲憊，或者心臟比較衰弱；左腳弓起的人，表示右半身比較疲憊，或者腸胃比較衰弱。

⑤仰臥時，雙腿併攏伸直，一隻腳的腳跟放在另一隻腳上

如果左腳放在右腳上，則暗示此人神經比較衰弱，心理防備能力比較弱，遇事沒有主見，優柔寡斷，對於一些小事，當抱著顧慮重重，他們缺乏目標，做事漫無目的。他們大多胃腸衰弱，或有腳氣疾病。

如果右腳放在左腳上的人，恰恰和上一類人性格相反，他們個性積極，自信，甚至達到了驕傲的程度，遇事果斷，雷厲風行，而且從不優柔寡斷。有明確的生活目標和態度，不斷追求新鮮事物，並不停地要求上進。他們一般心臟衰弱，或有呼吸器官疾病。

⑥仰臥時，雙手放在胸口上的人

這種人心地非常質樸，不經世事，不懂社會的複雜性，他們常把喜怒表現在臉上，也不在乎別人的想法，因此雖熱情好客，但在無意間經常得罪人。雖不曾做過壞事，但晚上很容易會做惡夢。

⑦仰臥時，雙手放在腹部上的人

這是個非常老實厚道的人，平時為人處事謹慎小心，無論做什麼都會非常認真地投入，達到自己滿意的程度，而從不懈怠。情緒穩定，從不擔心意外情況，就算即使遇到了，他們也能泰然處之。

2．側臥的人

①身體側臥時，睡成「弓」字形的人

這種人本質大多聰明善良，特別是他的思考能力，每每令人折服。他們嚮往完美的生活，因此對現實的不圓滿表現出挑剔。神經敏感，他們喜歡穩定而有規律的生活，但為找尋到這種理想的生活而苦惱。因此性格多變，易喜易怒，脾氣變化突然發生而且猛烈，高興時一團和氣，眉開眼笑，不高興起來卻什麼都變了，總而言之，他是個容易翻臉無情的人。

②側臥時，雙腿併攏彎曲，下巴緊靠枕頭，或靠在手腕邊睡覺的人

他們以積極樂觀的態度面對人生，遵守紀律、秩序以及宗教信仰上等一切有利於人類的社會規範。為人熱情坦率，有正義感。他們有明確的生活目標。一旦制訂了一個目標，他們會不顧一切向這個目標靠近，任何艱難險阻都不能阻擋他爭勝的信念。他們身心健康活潑，具有很強的適應力和耐性。

③側臥時，一條腿伸直，只彎曲一條腿睡覺的人

這種人缺乏耐性與恆心，他們有時甚至不知道自己在想什麼，在做什麼，需要的又是什麼，他們好像無所欲求，其實是因為欲望太多，多到氾濫了。第一個願望還未實現，緊接著第二個第三個願望就出來了，時常讓他覺得無所適從，索性便不去爭取，放任自己。他們往往又自負傲慢，看什麼事都不順眼，看什麼事都覺得有火，好勝心強卻拿不出實際行動的人。

④側臥時，身體挺出的人

他們不願受世俗的牽絆和束縛，愛好大自然和自由，他們的一生，也便是為了自由的一生。勇於開拓進取，親身體驗，再努力實踐，有超前意識，珍惜擁有，努力趕在時間前面，是個開創性的實幹家。

3．俯臥的人

趴著睡覺的人，這種人是不易說動的老頑固，他們對於形成於他們腦中已成概念性

的東西，再也不會去懷疑，而且還固執地按照它們來辦事。雖然固執，但可幸還有很強的工作能力，總而言之，這種人運氣還不算太壞。

4．各種睡相的解析

①睡時，手腳縮成一團的人

總的來說，他缺乏精力，時常顯出勞苦的神情，暗示出他最近正為貧困的生活而四處奔波。這類型的人大多數腸胃都有問題。

②睡時，要常常翻動身體的人

對於這種人，有多種說法。一種認為，這是流浪街頭的人的睡相，因此一生都會輾轉遷徙，居無定所。另一種說法，是說這種人心事繁重，睡不安枕，遇事多憂慮，有「杞人憂天」的傾向。一般的，認為這種人對外界和反應非常機敏，而且性子急躁，沒有耐心。

③睡時，眼睛稍微張開而睡的人

這種人在目前環境下命運不是很順，他們往往心情有牽掛，憂思重重，神經非常敏銳，常因過分思量引起神經衰弱。而且，目前和家人朋友之間的交往也不順利，往往會有這樣那樣的小矛盾。

④睡覺說夢話的人

這種人往往滿心憂思卻無人聽他傾訴，個性比較孤獨怪僻，不喜結交朋友，不論歡喜難受都是他一個人在承受。而且，也可暗示他正處於心神不定的狀況之中。前文所摘詩中有——「更於夢中多狂語，每向人前妄語多」。

⑤睡時，頭部掉下枕頭一直往下溜的人

這種人正處於心情煩惱之中，對待事情態度悲觀，往往不去尋找排憂解難的方法，為人消極，喜歡悄悄地坐在角落不想要被人發現，其性格內向膽小，一般不能成就什麼事業，也不會有太大的作為。

⑥睡覺時，把雙手當作枕頭的人

他是個浪漫主義者，感情細膩豐富，容易動情，容易念舊，時常回憶過去的時光，從時光的稍縱即逝中找到感喟。

⑦睡覺時打鼾的人

為人磊落坦蕩，平易近人，往往顯出胸有成竹的神情，而事實證明他做事的確有把握。缺點就在於他不能接受別人的批評和意見，往往會顯得蠻不講理。

對於睡覺打鼾有幾種說法，一種是說一個人如果太過疲倦的話，就很容易打鼾。另一種說法是說肥胖的人容易在睡覺時打鼾，因為人一旦肥胖，呼吸器官便勢必比較衰弱，那他就是說容易打鼾。如果想避免它，就要在臨睡前用冷水漱口。

⑧睡覺時，把牙根咬得咯咯作響的人

他們有蒐集物品的嗜好。對於不入他們的眼的事物，他們會好逸惡勞，偷工減料。但對於他們熱中的物品，他們會把全部的熱情都用在它們身上，而且廢寢忘食，不顧一切，甚至到了不達目的誓不罷休的地步。

⑨睡覺時張著嘴巴的人

這種人嚮往浪漫，在現實面前往往手足無措，彷彿只適合於幻想。他們意志薄弱，不敢承擔壓力大的責任，做事急於求成，缺乏耐性與毅力，往往不會有大成就。如果女性有這種睡相，則暗示她可能會難產。

⑩睡覺時，不斷做夢並且呻吟的人

他們平日裡太過疲勞，未能很好地調養與休息，尤其是有事未能解決而精力損耗過度的現象。

⑪很容易就入睡的人

他們心靈坦蕩，平時循規蹈矩遵紀守法，為人親切隨和，從不得罪人，因此深受大家的喜愛。他為人稍顯保守，卻不懂得斤斤計較和利用別人。

⑫睡時容易驚醒的人

這種人有心機，心思細密，神經敏銳，處處都提高著警覺性，為人聰慧靈敏，小心謹慎，時常防備被別人利用拖累，但他們不會去利用別人。這種人有一個健康的體魄，命運也不錯。

⑬睡覺時，流口水的人

有一種說法是子女緣薄，大多沒有子女奉終。另一種說法是說這種人消化器官較衰弱，尤其是有胃病的人。

⑭睡覺很安詳，呼吸聲調均勻的人

這種人身心健康，個性隨意，無憂無慮，拿得起放得下，而不會被煩惱所牽絆。他們勇於實踐，不論做什麼都相信一切只能靠自己，因此他們很堅強。應該說，這種人往往得到命運的厚愛，是個有福氣的人。

⑮睡著時，彎著一手肘當枕頭睡的人

這種人有相當出色的思辨能力，勤於思考，有分析問題和計劃未來的本領。而且，他們預見未來是非常準確的。他們喜歡進行一些純屬個人的活動，而不善於同他人進行交際，口才拙劣。可惜他們氣度狹小，心中不能容人，而且有較重的心機，也有私下斤斤計較的傾向。

⑯睡覺時，雙手握成拳頭的人

這種人非常忠誠正直，能吃苦耐勞，有忍耐力，也有恆心。他們不容易被物質條件所感化，只要自己認為是合理的，是可行的，就抱定這個主張任誰也改變不了。

⑰睡覺時，手和腳經常在動的人

他們個性內向保守，平時少與人接觸，因此也少有朋友，時常感到寂寞無助。平日工作勞苦，又找不到可以訴說的人，在沈睡中以手和腳的運動來發洩他的辛苦和孤單。

⑱睡著時，臉龐顯得美好微帶笑意的人

這種人心地善良，溫柔而且坦蕩，做事有條理，從不做虧心事和讓自己後悔的事。他們人緣不厚不薄，與別人的友誼崇高細水長流，深得人心。他們是有福氣的人。

⑲睡醒之後，四肢百骸依然感覺非常疲勞的人

他們時常睡眠不足，平時不注意休息。他們意志薄弱，遇到困難就停步不前。對物質或者是精神的追求也很薄弱。因此他的運氣發展也比較緩慢。

4・飲食人的性格

「氣血資之以壯，性命繫之以存者，飲食也！」這句話的意思是飲食能夠滋補氣色血脈使它們愈加強壯，飲食可以維繫性命，讓它能得以生存。可見飲食的重要性，是體現在身體本身的協調與否的。

飲食講究的是規律，一個飲食失去了節奏的人，則大多情況下性格十分暴躁，為人挑剔，愛發脾氣。

我國古代對食相也早已研究，在著名的古代相書《神相全篇》中也有「論食」的記載，第一次提出原來飲食之中也有各種相。比如：

一、吃東西速度很快的人，性子暴躁，而且容易發胖；二、吃起東西來速度很緩慢的人，性情溫和，容易瘦。三、雖然吃得很少，但仍然日漸發胖的人，是因為心性寬厚的緣故。四、雖然吃得很多，但人反而卻日漸消瘦的人，他的心性很昏亂等等。

到了近代，人們對於吃相的研究，在古代相法的基礎上更一步加以補充，使吃相的研究更趨系統化。下面，我們分別從吃相和喝酒的習慣和姿態這兩個方面，來研判人的性格、命運等。

1．吃東西的習慣

①將食物咀嚼得悉悉嗦嗦發出聲音的人

這種人意志力薄弱，不願做些有意義的事情，而時常浮誇吹牛，輕許諾言，但又不守約，做事不負責任，也不能承擔任何責任。講話缺乏信用，一開始會有幾個朋友，到後來朋友也會相繼離去。

②喉嚨裡會發出「咕咕」的聲音的人

這種人對待任何事都比較隨便，比如：衣著、住所、工作等方面，他缺乏領導調控能力，但人很聰明機智，遇到合適的時候，他喜歡辯論，也喜歡批評，但他不是一個亂嚼舌頭的人，他有自己的主張。

③閉著嘴巴，慢慢細嚼食物，不發出聲音的人

他們對待一切都像吃東西一樣，非常的小心謹慎，他們樂於安於現狀，不求突破，害怕任何爭端，性格怯懦，因此行事時喜歡規則的束縛而且循規蹈矩，做事一絲不苟。

④喜歡嘮叨或者喜歡和別人交談的人

這種人時常表現得十分糊塗，不明事理，例如容易本末倒置，容易公私不明。性情容易急躁，遇到雞毛蒜皮大小的不愉快也會藉故發很大的脾氣，辦事不牢靠，不能十分令人放心，而這他們本身也沒有毅力和恆心，他們不能有很大的成就。

這是一種很不禮貌的飲食姿勢，吃飯時說話，很容易把口水濺到菜餚中，甚至還會把嘴裡的東西噴到別人的碗裡，這樣既不衛生又不禮貌，而且對於他本人來說又無助於消化，所以應該努力避免。

⑤滿滿吃一大口，然後咀嚼食物時整個臉頰都鼓了起來

他們有一副非常急躁甚至暴躁的脾氣，而且固執任性，別人很難違抗他們的命令，他們會因小事而大發雷霆，人們往往會對他們採取「敬而遠之」的態度。

⑥搖動整個頭部，然後再吞嚥食物的人

這種人做事急於求成，缺乏對事實的正確估量能力，而且性子很急，他們喜歡看到事物美好的一面，而害怕接受醜惡的事實。

⑦不用臼齒，而是用門牙或者犬齒來咬嚼食物的人

他們大多有胃腸衰弱的疾病，他們之所以用門牙犬齒來咬嚼食物，很可能是因為臼齒有齲蛀疾病，不能細嚼慢嚥。這種人大多心地善良，但為人粗率，因不善於體察親人朋友細的情緒變化而不知體貼，並為此感到苦惱。他們精神不集中，雖然努力想做好但結果往往招致失敗。這種人有知心朋友。

⑧邊吃邊舐嘴唇的人

他們情緒多變，喜怒無常，常幹些沒頭沒腦的事情，精力充沛，永遠不會枯竭的樣子。他們總是很有精神地投入到自己專注的事情當中去。但做的時候，卻不明白哪裡是重點。這種人說話多而雜，但突顯不出要點，也不能很好地表達自己的意思，並且，他們又極重視物質享受和色慾。如果成家以後，夫妻間往往會因一些小事而鬧得不開心，甚至離婚。

⑨食物擺在眼前，一樣一樣吃下去的人

這種人工作起來就像一頭老黃牛，每步一步一個腳步，勤勤懇懇，孜孜不倦，奮鬥進取，他們有好的耐力和堅強的毅力，就是目前還不是很成功，相信總有一天會有所成就。雖然他們有頑固保守的缺點，做事缺乏靈活性，不能隨機應變。但與他們踏實勤奮的優點相比，這些缺點就不算什麼了。

⑩伸長脖子來吃東西的人

他們有一副貧困、貪婪的食相，暗示他們最後成就有限。他們愛計較，為人小器，而心中又沒有遠大的志向，做事虎頭蛇尾，沒有幹勁，所以不會有太大的成就。而且，具有這種食相的人，壽命一般都不會太長。

⑪把飯碗端在手上，吃飯時把飯碗拿近口邊吃的人

他們善於隨機應變，能將書本上的知識運用到生活中去，善於創造把握機會，並利用這機會，創造出乎意料的成就來。他們很聰明，平時能讓人感覺他們適量的頑皮。無論做什麼，他們都能控制一定的量和度。這種人大多會有所建樹。

⑫張開嘴，舌頭稍稍伸出來接近食物的人

這種人溫和善良，平時默默無言，但誰也不知道他正在用他敏銳的觀察力洞察著周圍的一切，而且還有很好的記憶力。這種人又免不了有這樣那樣的虛榮心。而且，從他吃飯的動作看來，他還有潔癖的傾向。

⑬吃東西時，整個臉微微向上抬起的人

他們待人接物之間讓人感覺到他們的傲慢。這種人性格非常倔強，甚至到了固執的地步，他往往是個大男人主義或者女權主義的積極擁護和實施者，無論在何種情況下都有強烈的自我主張。在金錢問題處理上由於對錢的概念非常隨意，有揮霍浪費的傾向。

⑭平時喜歡吃些零食點心，而主餐常常不在餐點上用的人

他們做事一般不講質量，但能準時完成；工作漫不經心，但人心地溫和善良；不容易暴躁，不容易發脾氣，但很少有朋友，很容易有孤獨寂寞、鬱鬱寡歡的情緒。由於對凡事都漫不經心，因此常有浪費的傾向。

⑮挑肥揀瘦，只挑自己喜歡的東西吃，對別的則置之一旁的人

他們便如同他們的吃相，只為自己著想而不管他人的感受，他們會為了達到某個目的而不擇手段，不惜代價。他們不注重公德，不遵守規章，也不注意自身的品德修養。他們只生活在以自我為主的狹小天地，而不會有什麼大的功績。

⑯亂吃東西，又時常不挑場合的人

這種人無視社會公德，目中無人，自視高人一等而顯得自負無禮。他們性格隨意放任，往往天馬行空，做出許多違反常規的事情來。他們有無數的欲望，也有無數的計劃，都等待著去實現它們。他很開朗，與人交往中時常顯出自私的一面。基本上都沒有什麼真心的朋友。

⑰時常大吃大喝的人

這種人就屬於我們平時經常說的「四肢發達，頭腦簡單」的人，他們大多力有餘而心無力，他們眼光淺顯，從不計劃和考慮未來，只貪圖目前的享受，做事不去考慮，走到哪裡就算哪裡。這種人運氣老是不佳，雖不致破敗，但也不會有什麼成就。

⑱ 時常暴飲暴食的人

這種人和前面「大吃大喝」的人，有大相逕庭之處，他們做事缺乏目標，也缺乏心機，為人直來直去，又不會顧念到後果的嚴重性和危險性，他們中大多數一生忙忙碌碌，勞而無功而且多心煩惱，命運不通達。這種人會給人以粗獷豪爽的印象，但也只是外強中乾而已！

⑲ 飯吃得很少的人

可分兩種情況，一種是吃很少但身材在中等以上的人，那麼就代表他是一個寬宏大量的人，他不喜歡與人計較得失錯對，而且心地善良，樂於助人，常得到別人的敬愛。另一種是吃得少，而身材卻矮小瘦弱的人，他們往往是自尋煩惱的人，過分敏感而且傾向神經質。他們大多屬於營養不良的。

⑳ 很講究飲食，但胖不起來的人

這種人氣量非常狹小，喜歡因雞毛蒜皮小事而引起爭執且爭吵無止無休，他們神經過敏，喜歡無中生有，常常「杯弓蛇影」，情緒多變。他們時常感到內心疲憊，是因為他們時常為心中牽掛的事所煩惱。

㉑很簡單，很迅速地三兩下就吃飽的人

這種人性格粗率，粗心，毛毛躁躁不修邊幅，他們缺乏恆心和毅力，做事從來沒有一件能堅持到底，每到中途就不能再專心致志地往前走下去，是個喜新厭舊，不甘寂寞的人，因此他們總不能長時間做一個工作，或長時間居處在同一個地方，而經常變換工作或居所。

㉒吃任何食物時，都覺得味美可口的人

這種人個性溫良，待人和氣，大度，能適應陌生的環境，或者適應任何突發性情況，他們有良好的自控能力，不易發怒，也不拘泥於細枝末節的出入，因此，精神時常會顯得比較散漫。

㉓喜歡趁熱吃的人

他們性情變化迅速而且激烈，他們愛完美，總是流行的示範者，有時甚至還走在流行尖端，喜歡追求新奇與刺激，個性率真，願意冒險，有時不免帶幾分幼稚。他們不能忍受生活中的醜惡現象。

㉔ 喜歡等食物涼了以後再吃的人

這種人會給人溫和謙遜的感覺，其實這僅僅是一個方面。他們表面謙和，內心卻剛烈，屬「外柔內剛」的個性，而且，他們很是倔強，對看不慣的會勇敢站出來指出，並與人辯駁，他們有強烈的反抗意識，認為什麼是合理的，就去遵守，什麼是不合理的，就要反抗，「人不犯我，我不犯人；人若犯我，我必犯人」，這最能體現他們的做人原則。

他們吃苦耐勞，心思細密，從別人不經意的神情中，可以看到他人的內心並能體諒他們的種種苦衷。但他們時常將他們的才能和成就掩藏起來，不讓別人發現，也因此常被別人誤解。

㉕ 吃得特別快的人

這種人活力充沛，開朗活潑，身體健康，心情樂觀向上，但有時不免略帶輕率的毛病，而且性子很急，平時容易衝動，並顯得十分自負。他們的這幾條缺點，使他們都不能放下心仔細做完一件事情，而是經常招致失敗。

㉖ 吃得緩慢的人

這種人是個很強的自我主義者，他不喜歡被人批評，但也不喜歡接受別人的幫助，他獨來獨往，且嚮往能過上他心目中的那種生活。做任何事謀定而後動，但他們缺乏與人競爭的精神，因此不會有太傑出的出人頭地；但也正因他的自我主義，也不會發生太大的失敗。

2．喝酒的習慣

① 喜歡喝烈酒的人

這種人性格十分剛烈，為人耿直，沒有心計、沒有城府，他們做事雷厲風行，當他們做選擇時，別人看來左右為難的問題，在他們看來好像不存在任何為難，他們做起來常顯得果斷而輕鬆。他們的個性容易浮躁，遇到不順心，他們會借助一些小事情來發洩內心的不快。發洩過以後，便容易很快地忘懷了不快。

②喜歡喝啤酒的人

這種人胸襟比較宏大，為人處世，都表現出寬宏大量，從不為小事情小利益而斤斤計較，就算自己吃了虧，也會很平淡地讓它過去。他們喜歡安定的生活，追求清新和自由，他們往往都會有一些切實可行的計劃，而且會努力去做。

③喜歡喝葡萄酒的人

這種人追求有質量的生活，他們懂得享受。外表總顯得比較懶散，其實，他們有十分透徹的洞察力和分析能力，對於生活中的細微的變化，都能憑直覺感受得到，他們的自信心可以說是與生俱來的，雖然他們也有自傲和傲慢，但似乎每次都能讓別人輕易地原諒他。

④沒有明確對哪一種酒的特別愛好

有什麼就喝什麼的人，這種人興趣很廣泛，不管從事何種勞動或者工作，都能接受並盡全力去做好，但他們又不會花費許多時間來致力於同一件工作，每當順利完成一個目標，一個工作時，他們就要開始想辦法調換一個工作。這種人其實很在乎抓在手裡的東西，儘管，他們從不知道明天會發生什麼事情。

⑤有酒的時候就喝，沒有的時候就不喝的人

他們有很強的自制自控能力，他們處事周全，從不盲目行事，凡事都有計劃甚至策略。他們的處世原則就是——「拿得起放得下」。就算要他們放棄自己喜歡的東西，雖然內心十分不捨，但也絕不會表現在臉上。如果有機遇，他們定會取得傑出的成就。

⑥以茶代酒的人

這種人生活澹泊名利地位，為人隨和，不與人爭論，而且他們還擁有絕妙的幽默感，時常能取悅周圍的人們，他們把這種快樂當作自己的幸福，他們懂得怎樣理解親人、朋友和他自己。在平淡中，可以發現許多不平凡的意義，他們就是用這個來自得其樂的。

⑦稍一喝酒就臉紅的人

這種人平時溫文爾雅，待人接物有禮貌，而且熱情周到。他們十分真誠，不懂得爾虞我詐，不善於做作。他們感情豐富，可為他人犧牲自己，為人率真辦事俐落。這樣的人應該說是生活快樂，無憂無慮的人；但恰恰相反，他們時常感覺到有自己無法解決的問題一直在困擾著，因此也有煩惱。

⑧可以喝很多酒，但最後仍然面不改色的人

這種人平時深沈，不苟言笑，但他們卻並不是冷酷的人，他們富有極大的同情心，在別人都遺忘了一些無愛的角落，他都會熱情地伸出援手。他意志堅定，知難而上勇往直前，有毅力、恆力和耐心。他們不善於表達自己的感情，把喜怒哀樂都放在心裡。

⑨越喝越快樂的人

喝了之後，開始唱歌，或是手舞足蹈的人，他們看似喝醉，其實是「人醉心不醉」，他們依舊擁有清醒的頭腦和敏捷的身手。他們是個樂天派，不論遇到什麼挫折，他們都會信心十足地重新開始，從來不會自暴自棄。他們喜歡有規律的生活，他們相信，每一天都不會重複，都是一個全新的開端。

⑩越喝眼睛越發直的人

這種人平時個性怯懦消極，得過且過，不求力爭上游，而且生活往往困頓潦倒，心中的願望不能實現，心中有所不滿，而顯得神情呆滯。他們為人十分隨和，不與人計較，只求能過平靜的生活。眼睛發直，是發酒瘋的傾向，說不定過一會兒就會有罵人、摔東西，甚至打架的現象。

⑪開始喝時還和別人說說笑笑，越喝話越少，後來便一言不發了

這種人性格沈穩，老成幹練，為人小心謹慎，但表面上是個合群的人。心中有祕密，如果他不想讓人知道，那麼別人絕不會從他這裡得到。為人誠懇忠信。他有堅強的忍耐力和意志力，他會慢慢被人理解接受，會遇到一兩個知交好友。

⑫喝酒喜歡划拳論輸贏的人

他們表面上喜歡玩樂，開朗樂觀，其實，內心卻是十分地孤獨，他們又不願意讓別人知道，所以往往利用工作和玩樂來發洩。大多為人善良，感情脆弱，極富同情心。他們意志力薄弱，有時又被外面的事物所吸引，結果卻迷失了方向，找不到回家的路。

⑬喝酒需要有人陪的人

這種人有強烈的自卑感，他們空虛寂寞，又常常害怕自己被別人冷落，或者被玩弄。心有鬱悶，又無處發洩，找不到可以傾訴的對象，時常悲觀失望，以菸和酒來麻醉自己，希望能忘掉不快，但結果總和希望的相反，越想擺脫就越難擺脫。

⑭酒杯平放在手掌上，邊喝邊滔滔不絕，信口開河的人

這種人活潑好動，好奇心強烈，但只是從口頭上探討而從不實踐，他們屬於興奮型的人，愛表現自己，但往往會流露出他的率直與幼稚。

⑮用手握住高腳酒杯腳，但食指前伸的人

這種人愛慕虛榮，喜歡尋求新奇。他們又往往表現得自高自大，目中無人。他們追求物質享受，重名利地位，對有錢、有勢、有地位的人感興趣。他們有不切實際的夢想，譬如他五音不全，但一心想當歌星，其實，只是想滿足他讓人崇拜的虛榮心。

⑯一隻手緊緊握著酒杯，另一隻手則無目的地畫著杯沿的人

如果這是女性，則她善於思考，性格沈穩，處事十分周全，為人隨和親切，深得他人喜愛；如果是男性，則他是個散漫的人，注意力不集中，對什麼事都漫不經心，心不在焉，他是個夢想家，生活在自己的夢裡。

⑰喜歡緊緊抓住酒杯，拇指按著杯口的人

他們個性豪爽，喜歡結交朋友，而且對朋友忠心義膽，兩肋插刀也在所不惜。但他

們也往往因過分豪爽而遇事欠考慮，使事情達不到他們應該獲得的那樣成功。

⑱ 把杯子緊握掌中，拇指用力頂著杯子邊緣的人

這是一類有主見的人，在家裡，在公司裡，不論他們處於哪一群人裡，他們都義不容辭地成為那一群人的中流砥柱。他們遇事冷靜從容，在危急困難面前，毫無慌張的神情，也不會手忙腳亂，不知所措。

⑲ 喜歡用手握在杯子上面的人

這是一類善於偽裝的人，他們掩藏自己的缺點、優點和感情，就像用手握在杯子上面掩藏掉杯子一樣巧妙。他們從不在別人面前暴露自己。這種人多有心計，任何計劃與理想，都是靜悄悄地在進行。

⑳ 喜歡用大碗，並且大口大口喝酒的人

這種人豪爽熱情，有時行事會像個孩子，天真又好強，他們不在乎別人的眼光和閒話，討厭各種規章制度對人的限制，但從不做損害別人利益的事情。他們沒有心計，又很講義氣，所以有時不免會被別人利用。

㉑愛用小酒盅，一小口一小口喝的人

這種人的性格用大碗喝酒的人相反，他們往往給人性格溫和，言談不多的印象，他們行事處處注意小節，遵紀守法，不與人爭強鬥勝。可是一看到他們的眼光，人們就知道他們是富於自信，意志堅強的人，絕不可掉以輕心。他們的溫和後面是執著，一旦下定了決心，就會堅定地做下去，哪怕送掉性命也不放棄目標。

㉒把杯子拿在手中，靠近口，而頭不動的人

這種人喝酒需要有酒伴，下酒菜也是必不可少的。這種喝酒相會給人以小心翼翼和拘謹的印象，如果是男子，則有女性化的傾向，做事拖泥帶水，放不開手。

㉓頭伸向酒杯喝酒，而讓酒杯保持不動的人

這種人有強烈的欲望，並喜歡貪圖小便宜，並以此感到沾沾自喜。對待別人都有吝嗇的傾向，不管是事務關係還是親人朋友，他都只為自己打算盤。如果他看上某一事物，他會全身心投入，甚至可以達到忘我的境界。

㉔喝醉以後，愛笑的人

這種人人心懷大度，他們對生活，對世界充滿了希望和信心，他們對任何人或事往往都朝好的方向看，所以，他們也會很坦然地接受別人的關愛和幫助，同樣，他們也盡一切力量讓他和他的朋友都感到滿足和快樂。

㉕醉酒後，常常哭泣的人

個性十分消極，他們會因為家庭出身或自身條件不如別人而感到很自卑。他們常常擔心別人會在背後取笑他，因此總顯得精神迷離，有壓力。有時他們也想表現得堅強，會開一些小玩笑，或放肆地哭鬧，但這些都是他們為了掩蓋自私的偽裝罷了！

㉖醉酒後，喜歡說胡話，嘮嘮叨叨喋喋不休的人

這種人大多有遠大的抱負，但往往「英雄無用武之地」，現實並沒有給他成就事業的機會。因此，情緒很不穩定。加上他們在工作中往往遇到煩惱，在感情上有壓抑。有時不多說話，只在酒醉之後才有機會傾訴自己的不滿。

㉗ 喝醉後，一言不發，倒頭就睡的人

這種人個性堅強剛烈，從不輕易向人吐露內心的喜怒哀樂，他們處世冷靜、機智、有頭腦、注意約束自己，並時常檢點自己的言行，因此，他們從不會在同一個地方跌倒兩次。

㉘ 喜歡在早晨喝酒的人

這種人喜歡想入非非，不務實際，他們天生溫順嫻靜，這樣往往削弱了生命力，缺乏動機和力量，但又時常自以為是。他們認為命運是不可抗拒的，在一旦不堪忍受太重的負擔時，便會掉頭一走了之，他們不會擔負很大的責任。

㉙ 喜歡在吃飯前飲酒的人

他們心中都有宏大的目標，但往往被他們自己壓制而不能施展開來。於是他們感到欲求不滿，因此而感到十分地苦惱。他們借酒澆愁，久而久之，他們終於成為真正懂得喝酒而喜歡喝酒的人了。

㉚喜歡在臨睡前喝酒的人

這種人性格內向，甚至有孤僻傾向，在任何活動中很少表現自己，不願做那些拋頭露面的工作。感情很脆弱，一點小事情就能引起情緒波動，容易背負感情的包袱，神經過敏，患得患失。他們拙於交際，但生性善良忠厚。

㉛喜歡到高級酒吧、俱樂部，或酒家喝酒的人

這種人精神空虛，愛慕虛榮，為人虛偽，喜歡信口開河，大話連篇，他們喜歡被人重視，也好在人前表現自己。但他們在人群中又顯得孤獨，沒有人願意光顧他們的賣弄。因此，與其說是去喝酒，不如說是去尋求精神上的寄託和平衡。

㉜喜歡到夜總會、舞廳等場所喝酒的人

這種人與上酒吧喝酒的人有著同樣的心理，他們渴望被人重視卻偏偏受人輕視。他們往往是「醉翁之意不在酒」，或者是為了女人，或者是為了他們的名利和虛榮心。

㉝喜歡到啤酒屋喝酒的人

他們個性拘謹保守，不願嘗試創新，樂意安於現狀。但他們在現狀中也尋求放鬆，

喜歡約一、二個好朋友圍坐暢談，遵從古派的君子之交。

㉞喜歡在飯館餐廳喝酒的人

這種人喜歡自由和熱鬧，他也熱中於友情，他是個開朗的人，凡事喜歡盡興，希望能夠輕鬆地喝酒和享受歡樂。

㉟喜歡在路邊攤喝酒的人

這種人樸實無華，坦誠忠厚，不會裝腔作勢，為人處事沒有心機，喜歡直來直去，他們沒有什麼目的和功利心，只是想借酒來消除一天工作中的疲勞與困頓。

㊱喜歡在安靜的地方獨自喝酒的人

這種人性格孤獨，落寞寡歡，拙於辭令和交際，為人拘謹，甚至有怯懦消極的傾向，但為人聰明理智，明辨是非而不外露。

5・雙手暴露出的祕密

當你與人握手或手持酒杯或一邊說話、一邊做手勢時，可曾注意到你內心深處的祕密，正通過那雙手逐漸地暴露了出來？

說起握手，是有相當有趣的來歷的。相傳在原始時期，部落與部落之間開始交相往來，見面的時候，他們為了證明自己手中沒有危險的武器，因此，便彼此伸出手相握。

這一儀式也成了他們試探對方的方法，也相對接受對方的試探。久而久之，敵意漸漸消退，逐漸演化成彼此問候，互傳友善的禮節了。在某些生意場合，握手甚至可以代表「願意成為合作夥伴」或「達成交易」的意思。

手，是一個人內心世界及其性格的外延。握手需要兩個人的合作，而且，具有肌膚之親，因此，我們可以從握手這一簡單的動作，來直接了解對方當時的性格與心情。

有許多心理學家，都曾研究過握手的動作，感受與心理的關係。比如著名的心理學家費爾就曾說：「所謂最好的握手，是要兩個人同時伸手，雙方握手所用的力道也要差不多。如果有一方不用力，被握的手好像隨時會掉下來似的，那麼儘管內心出於至誠，但對方仍然會覺得是受到輕慢的羞辱。」

可見，握手不是一個人的事情，原始人通過握手來試探對方的體力，現代人通過握手來了解對方的友善度如何？

心理學家對於握手也相當感興趣，他認為從握手來了解一個人的性格，遠比觀察他的言行所能得到的更多。如果有心的話，便很容易可以發現對方的內心和熱情程度如何。譬如說，別人與你握手的時候，兩眼與你平視，面帶微笑，臉色紅潤，雙手非常用力而且上下振動，這說明對方非常歡迎你的到來，而且熱情周到，充滿喜悅。

握手成為我們平時見面時代替問好的習慣，實質就是問好。我們大凡都有握手的經驗，也都有從握手來體察對方心情的感觸。但要把點滴的感觸連綴成系統，我們也還沒有產生明晰的判斷依據標準。

因此我們時常感覺到很難判斷。這裡，我們分幾個方面，先以手的「光澤度」和「柔硬度」開始，逐漸涉及伸手的「方式」，以及握手的總體印象等各方面，來分別研判：

①雙手白皙之中略帶紅潤的人

他們身體健康，性情開朗、樂觀，總顯得朝氣蓬勃，積極向上。也表示他處在工作順利，一帆風順的境地，沒有什麼障礙和憂慮，而且財運旺盛。

②雙手紅艷有光澤的人

他們大都心急氣躁，是個天生的火藥筒，他們大膽活潑，精力旺盛，好勝好鬥，有時不免顯得盲目衝動，缺乏理性、謹慎和實用性。他們做事往往只憑一時興趣所致，缺乏毅力和耐性，只有三分鐘熱度。因為他們好發脾氣，因此要特別注意心臟的健康。

③雙手蒼白，毫無血色的人

這樣的人身體比較虛弱，不是營養不良就是貧血的傾向。他們的性格也顯得蒼白單調，沒有活力與幹勁，缺乏進取爭勝的勇氣，他們對待別人大多也顯得冷冷淡淡的沒有精神，他們的情緒既脆弱又不穩定，喜歡生活在夢幻中，獨來獨往，喜歡孤獨與黑暗。

④雙手白皙，但指根與手掌連接處結繭的人

如果他是一個身體健壯的人，他們大多數性格開朗，喜動不喜靜，運動中尤其喜歡

單雙桿、吊環之類的人，如果他並不是顯得很健康的人，那麼大多數在消化系統中有一些問題。而且這類人的性格懦弱，不喜歡活動，情緒較容易緊張，而且，上下班可能騎機車或自行車。

⑤雙手泛黃的人

這種人做事不爽快，婆婆媽媽十分嚴重，他們是理想主義者，追求完美。脾氣不是很穩定，時好時壞，而且常無端變化，令人摸不著頭腦。他們時常變更工作，因為他們總不滿現實，總抱怨生活的枯燥單調，也不適合進行體能強的工作。這類人有肝臟衰弱的傾向，身體不十分健康。

⑥雙手黯淡乾枯無光的人

大多是消化器官有問題的人。這種人往往外強中乾，在許多地方都有「牆頭草」的傾向，比如陽奉陰違，表裡不一，他們大多數是——「說話的巨人，行動的侏儒」，他們對未來有十分完美的打算，但似乎從來沒有想過要用行動來實現它，而且做事前怕虎後怕狼的，因此不會有什麼大的成就。

⑦雙手掌心容易分泌汗液的人

這類人情感脆弱，經受不住打擊，性格內向，喜歡獨自靜處而不喜與不大相識的人交往，他們大多敏感容易傷感，甚至帶一點神經質。這類人非常容易感到緊張，他們情願逃避，也不願去面對。

——以上七項，是從手的光澤來研判一個人的性格。因為手的顏色光澤與這個人的體質和健康狀況有密不可分的表裡關係。而皮膚的細緻與粗糙，我們大致可以通過它來推測一個人的工作情況，約略便可以推斷出他的性格了。至於顏色與健康有很大關係，尤其是掌心的顏色，中醫學也常用觀察掌心的顏色來檢查人的健康狀況。

一般來說，最理想的莫過皓潔而有光澤的手，有這樣的雙手的人，心身大多比較健康，精神爽朗，感情豐富，生活如意，心懷大度，善於交際，與這樣的人相處，會有所收益。

⑧雙手溫暖的人

這種人溫和熱情，他們對不可知的未來沒有過分的盼望也沒有憂慮，彷彿天生就是個樂天派。但他們有較深的城府，他們不願在人前流露出自己的真心，有時不免錯失機遇，愛情也如此。

如果手心的溫度比一般體溫高，大多是虛火攻心，應注意調理身體。

⑨ 雙手冰冷的人

他們對待別人誠懇熱情，而且非常誠實，但他們有虛榮心，愛面子，凡事要維持體面，講排場。如果是當官的，他們便會擺起十足的官腔。

——如果在冬天，這一項便比較不容易判斷。

⑩ 伸手的時候，五指併攏伸出的人

這類人誠實守信，為人比較中肯，他們擁有豐富的學識，不善於言談但是往往一語驚人。他們的反應比較遲鈍，但準確無誤。善於思考，善於正視自己，對自己要求十分嚴格。特別是對待工作和學習，要求自己更上一層樓。他們雖嚴以律己卻寬以待人，值得信賴。他們做事總是沒沒無聞但自有主張，有目標而且努力向它靠近。這種人與人相處越久，就越能令人對他推心置腹，他適合「日久生情」，而不是「一見鍾情」。

⑪ 伸手的時候，大拇指張開而四指合併在一起的人

這種人為人誠實，有板有眼的，精通數據，善於理財。他有聰明才智，但卻因墨守成規，循規蹈矩而埋沒了他的才智。他非常節約，因為不願做無謂的浪費而被人認為小家子氣，他重視實際與一切看得見的利益，對於精神上的需要，他從不奢求，他把友情和愛情也看作是一場以物易物的代換，因此為人顯得冷淡與淺薄。

（註：這是一種最為常見伸手方式，必須配合手相才能研判。）

⑫ 伸手時，其他手指合併，只有小指張開的人

這種人情緒時常低落，性情孤僻，缺乏意志力，經受不住挫折與坎坷，他們有強烈的自卑感，又有強烈的自尊心，心多懷疑，怕別人看不起他而憂心忡忡，又不善於表達內心的情感，所以形單影隻，運氣不佳。

⑬ 伸手時，其他手指合併，食指和中指張開的人

這種人有很強烈的自我意識，唯我獨尊，聽不進他人的意見和忠告，只聽憑自己個人的意識辦事，從不預想後果，走到哪裡算哪裡，由於他的這種獨斷與專橫，他的世界裡便只有他自己，而產生自閉，頑劣的傾向。

⑭伸手時，中指和無名指分開的人

他們積極、熱情、開放，總是情緒高漲，熱情洋溢，這種人喜新厭舊，追求刺激，喜歡驚奇，討厭和那些拘謹、古板保守、沈默寡言、令人難以接近的人待在一起，也討厭呆板老套的生活，他們想改變周圍的一切，但因現實的局限性使他們不能放手去做。他們對於未來缺乏計劃，因此總得不到他們認為應該取得的成功。

⑮伸手時，五指大大張開的人

他們大多是積極進取的社交家，性格開放，明朗，從不拘小節，不計較一時的成敗得失。他們誠信耿直的作風往往受到別人的信賴。他們行動往往會在思慮之前，因此常遭到失敗，但因為他的信譽及坦誠的為人，馬上就可以東山再起，最後定會有所建樹。

⑯伸手時，非常用力並且手指向指背後彎的人

這種人是個道地的社會人，他們活潑好動，神思敏捷，口齒伶俐，做起事來雷厲風行，絕無拖泥帶水。他們樂善好施，知識淵博但無專長，興趣廣泛，對什麼都似乎很感興趣。他們喜歡依據本人的情緒愛好，過那種無拘無束的生活，有時他的想法難以令人理解，儘管他十分熱情友好，但還是給人一種不容易親近的錯覺。

⑰ 伸手時，手指不伸直的人

這種人喜歡將自己禁錮在一個狹小的天地裡，小心謹慎地過日子。他們思慮縝密，喜歡穩定規矩的生活，不思改變不思進取。沒有明確的目標，缺乏幹勁和活力，思想消沈個性內向，幾乎沒有朋友，因以上種種，他們往往喪失了難得的成功機會。

⑱ 伸手時，雙手一起伸出來握手的人

這種人有自己的處世原則，他們知道什麼該做，什麼不該做，而外界的紛紛擾擾不能影響他。這種人有穩定持久的性格，在他們的生活中，沒有特別的消沈悲觀，也沒有太大的亢奮激昂，一如既往是平靜與穩定。他們為人機警聰明，思慮周密，為人圓融，他們知道該怎樣和世界相處。

——上述第十到第十八項，主要是從握手時伸手的姿勢上來研判的。伸手是握手的第一個步驟，從這一非常簡單的動作中，也能流露出一個人的性格氣質。如果你是一個敏銳的觀察者的話，便會從這一動作中窺探人間百態。而伸手的動作，不僅僅只是握手，還可以引伸到拿取別的物件等等。

⑲ 握手時，拇指虛浮，手指頭懶洋洋地往下垂

這種人的手指像煮久的稀飯，絲毫沒有力氣的感覺，這種人清高自傲，眼中除了自己，誰也沒放在眼裡。他們時常顯得精神頹唐，無精打采，對目前境遇不滿但沒有主張，做一天和尚撞一天鐘，對一切都採取虛應敷衍的態度，應該說他是一個消極的悲觀主義者。

如果他不是一個自視清高，喜歡敷衍的人，那麼就是他十分拘謹，做事縮頭縮腳。他喜歡穿灰暗色系的衣服，生活勤儉，常被人認為吝嗇。個性喜靜不喜鬧，對人冷漠，很難和人一見如故。只有經過長期的相處，而且要有相同性格的人，才可能成為朋友。

⑳ 握手時，畏畏縮縮的人

好像有和你握手的意思，但當你把手迎上去的時候，他卻遲疑著；而當你很尷尬地要抽回你的手時，他又似乎什麼也沒發生似的與你握手。這種人有很重的疑心病，遇事思前想後，遲遲拿不定主意，常常眼睜睜地看著機會溜走。一旦拿定了主意，也往往出爾反爾，虎頭蛇尾，給人以不守信用的印象。做事缺乏果敢與耐心。為人不牢靠。

㉑握手時，心不在焉的人

手與人相握，卻一副不緊不慢的神情。他可以漫不經心地握著別人的手久久不放，而你把手從他掌中抽出時，他也沒有什麼知覺，這種人自私散漫待人缺乏熱情，包括對待親人和朋友。他不能體會別人的情感，不論人家對他有多麼熱情體貼，他都以冷淡來相對。這種人往往倔強而有意志力，但他往往太過自私與冷酷，令人不願意親近。

㉒握手時，像蜻蜓點水十分急促

這種人只把手伸出而手臂不動，而且只要一碰到對方的手指，就算握完了手，馬上收回手去，這種人待人處世缺乏誠心。這種握手其實並不能算握手，如果你與這樣的人握過手，你就會感受到這種人實在驕傲自大得可以，而且會有一種被怠慢輕視的感覺，這樣的人自然缺少朋友，因為他自始至終都不懂人與人的相處貴在真心誠意。

㉓握手時，抓著對方的手，不管三七二十一亂搖一通

這種舉動常弄得人莫名其妙，就像石槌敲打東西，有勁又沒有分寸，與他握手令人難受。這種人脾氣急躁，又好爭勝，是個十足的大老粗。他需要求得別人的認同，迫切要讓別人明白他的決心。在他的潛意識裡，如果不用這樣猛烈的握手方式，就不能表示

出他的決心、意志和恆久不變的態度。

㉔硬梆梆地將手一伸，握的時候使盡了全身的力氣

凶神惡煞般，像與對方有仇似的，直到被握的人齜牙咧嘴，他才意識到用勁過大，已把別人得罪了。這種人精力非常旺盛，能連續工作而不覺疲勞，他們有用不完的熱情。有卓越的領導和組織才能，不放過任何能讓他們展示這種才能的機會，並且有十足的自信。但他們似乎又過於自信，以至於不願聽取別人的意見而獨斷專行，不能體諒別人的感情和感受。

㉕握手時，熱情十足的人

只要一有機會就握住對方的手不放，而且，他會一邊握手一邊和你閒聊，除非是他聊到盡興了，覺得應該放開的時候，才讓你「逃脫」，這種人大多是兢兢業業，克勤克儉的本分的生意人，他之所以抓著你的手不放，在潛意識裡，他怕一放手，這筆生意便跑掉了。這種人熱情友善，待人十分的誠懇，容易推心置腹，而且，他為人處世十分豁達樂觀，遇到坎坷挫折，大的可以化小，小的便一笑置之。他們一旦與人建立了友情，便終身不改變。

㉖不管處在何時何地，他都不放棄與人握手的機會

這些人連他自己都不能確定到底是認識的，還是不認識的，但只要遇到了，他便照握不誤，有時候會使對方感到莫名奇妙，握手，已成了他們的嗜好。這是一種有感情就要發洩，不發洩便不痛快的人，他們熱情洋溢，不去理會別人和自己的小小過失，尋求友誼，愛好熱鬧，喜歡處於人群之中，這樣有助於發洩他的熱情。但因為這種人過於隨便，不容易被人接受，而且還很容易引起別人對他的反感。

㉗手臂不伸直，手掌放在胸前，等待對方把手伸過來和他相握

這種人有聰明的頭腦，講究謀略，為人機智健談。膽大心細，有敏銳的直覺和觀察力，能很輕易掌握別人的心理，善於察顏觀色。他不但能利用機會，更可貴的是他還能創造機會，使事情能往他所希望的方向發展。

㉘將拇指緊附在對方的手背上，力度適中，動作沈穩，雙眼注視對方

這種人沈穩專注，他們常識豐富，熟悉社交禮儀，如果處在人群中，他往往是被眾人推舉拿主意的一個，因為他思維縝密，而且很富有理智，善於聯想。他能為眾人提供有用的消息和一些建設性的意見。每當遇到麻煩棘手的事，他都能很有效率地加以解

決，因此深得人心，有領袖的風範。在個人方面，他個性堅毅坦率，有責任感，是可以放心交往的人。

㉙握手時，伸出雙手同時握住對方的人

這類人熱情，大度，溫厚，友善，他們珍視友情，心地善良，毫無虛偽作做，喜怒常表現在臉上，而從不趨炎附勢，欺善怕惡。他們有倔強的個性，吃軟不吃硬，對人愛憎分明。這種人對待朋友最是熱心與誠懇，不惜損己利人。而雙手互握，大多發生於久別重逢的好朋友相見之時。

㉚握手時，只用手指握住對方而掌心不與對方接觸的人

這種人趨向膽怯，但思維靈巧敏捷。他們個性平和，但有時情緒激動，容易被別人感動。這種人心地純正善良，極富同情心，他們遇到乞丐，不管真假，都慷慨地施與，他們認為人類本是同胞手足，應當和平相處，他們有天下安樂，四海昇平的廣闊胸懷。

㉛握手時，握住對方的手，不斷上下搖動，用力均勻

這種人是個樂觀主義者，他們似乎整天笑呵呵的不懂憂愁，對人生和生活充滿了希

望。他們經常成為團隊的中心人物，何況他們確實能夠勝任，很快就會受到人們的愛戴和傾慕。

㉜ 有些人一直都會逃避握手的機會

他們個性保守內向，甚至達到怯懦的程度，但為人卻真摯。一旦他們信任一個人，他們會毫不保留地付出自己的熱情和真心，他們認為，付出比得到還要幸福，對友情和愛情都是如此。但是如果他們還未遇到自己願意信任的人的時候，他們並不輕易付出感情。這種人很有意志力。

除了與人握手時雙手透露出一個人的個性特徵以外，雙手還有各種各樣其他的手勢，例如，在談話之時，不經意的手的小動作，也正透露出了他的內心世界。

在談話之時，兩手相握，或者捏弄自己的每一個手指，坐立不安地玩著鑰匙圈或是將手錶上弦，這些動作，都可以表明此人缺乏自信，面對交談的對方，顯得自卑，而且因膽怯而顯得過分緊張。這類人心理承受能力差，不能承擔責任。為人小心拘謹，內心怯懦溫順。

談話的時候，安安穩穩地坐在那兒，把手隨隨便便地放在自己大腿上，這樣的人給人一種鎮靜自若，輕鬆自如的感覺，這種人充滿自信，樂於助人，遇事沈著，有主見，而且往往能對事情作準確的估計，對人寬容，有同情心。而且，這種人大多數胸有大志，而臉上從不會流露出來。

談話的時候，時常做手勢，做手勢時手掌伸開，手心朝上，這樣的人誠實爽快，容易輕信別人，平時顯得比較天真，但遇大事時卻表現出成熟的一面。他們和藹可親，容易滿足，而不去做更高的努力。

談話的時候，一邊說話，一邊用手指著對方，那麼，這個人可能相當自負，言行舉止總顯得像領導，雄心勃勃，有時給人盛氣凌人的威懾力，他在人前總堅持表明自己的立場。為人好妒嫉，有支配別人的欲望。

與人交談時，雙手合十，手指頂著下巴，並用一種堅定的目光看著對方，這種人比較深沈，平時沈默寡言，但個性堅強倔強，有很強的適應能力和堅定的意志。如果在有壓力的情況下，他更表現出不屈不撓的生命力，彷彿在說：「我是不怕壓力的。」

還有一種比較常見的手勢是手持酒杯的時候。我們在〈第四章〉透過喝酒研判一個人的性格中已略有提及。這裡，再稍做簡單描述。

一、在女性方面——

把酒杯平放在手掌上，一邊喝酒，一邊滔滔不絕地說話，這類女子屬於興奮型女子，反映出她們活躍好動的特點。

用手握住高腳酒杯的腳，但食指前伸，這類女子多追求地位，她們只對有錢、有勢、有地位的人感興趣。

忙於零碎瑣事的女子，喜歡玩弄酒杯。

闖江湖的賣藝女子，卻總是不停地把空酒杯翻過來倒過去。

一些屬於沈思型的女子，愛用一隻手緊緊握住酒杯，而另一隻手則無目的地畫著杯沿。有些女子專門喜歡聽別人談話，她們往往緊握酒杯，有時甚至把杯子放在大腿上，以便更集中精力地聽人談話。

二、在男性方面——

豪爽型男子喜歡緊緊抓住酒杯，拇指按著杯口。

有主見的男子則把杯子緊握掌中，拇指用力頂住杯子的邊緣。

沈思型的男子常常是用兩隻手抓住酒杯。

善於偽裝自己的男子，他們總是用手握在杯子上面，就好像他們用同樣的辦法，巧妙地掩蓋自己的情感一樣，他們從不在別人面前暴露自己，與這種人打交道還是小心為妙，因為這種人讓人捉摸不定、深不可測，不得不慎。

6・與吸菸有關的問題

中國有一句老話：「飯後一支菸，賽過活神仙。」這句話大致是告訴人們吸菸的樂趣。它可以使人飄飄然不歸，更可忘卻了現實，達到欲醉欲仙的地步。雖然現今是一個為了健康，而提倡禁菸的時代。不過，除了男性菸民以外，現在有不少女性也加入了吸菸者的行列。但是否每個人都為了「賽過活神仙」才去抽菸的呢？恐怕答案並不能十分肯定。

有些人的確是為了追求享受，而有部分人是被環境工作所迫，在人事應酬上，他們把吸菸列入自己的工作行程，如例行公事。還有少部分人吸菸，不為享受，不為工作，而是為排遣生活上的煩惱，感情上的困惑，他們大口大口地吸菸，目的是借菸消愁。可見，吸菸者心態各異，情緒紛繁，而他們吸菸的姿態，當然更是形形色色。

最近，日本心理學家正在研究由一個人吸菸的姿態，包括——「怎樣將香菸拿在手上」、「怎樣點菸」、「怎樣叼菸」、「怎樣吸、怎樣吐」、「怎樣捻滅香菸」等各種行為，來研判一個人的性格。

這裡，我們便依據吸菸的過程，來羅列幾種吸菸的姿勢。

首先，我們來研究拿香菸在手的姿勢。

①用食指與中指指尖夾菸的男性

這是一類較一般人敏感的人，他們對於社會上的一起一伏，一靜一動，包括流行、潮流、時尚，都十分敏感，而且能很快適應新的環境，因此他們顯得較前衛，比較開朗樂觀，能及時並盡情地享受生活的樂趣。他們大多有一個快樂的，而且安排得井井有條，充分表現出他生活情調的樂趣。這種人嚮往未來所以不會特別懷舊。但卻又略帶神經質，對高於自己的人充滿妒嫉而且容易記仇。

②將菸夾在食指中指中間，其餘手指略分開的男性

這類人保守消極，心中有所嚮往，卻受制於傳統道德準則的制約，很難隨心所欲，有時甚至眼睜睜地看著自己喜歡的事物，或者機遇在眼前流逝，他過分消極怯懦，因此常遭失敗，他會埋怨老天或命運對他不公平，但從未去想想自己的原因。在愛情方面也

是如此，即使碰到自己心儀的女性，也不敢向她靠近，最終錯失機會。雖生性善良，但是一生碌碌無為。

③將菸夾在食指、中指根部（靠近掌心）的男性

這類人不善於與人交際，在人群中他比較沈默。但他心中卻有著偉大的夢想與宏偉的目標，個性變化多端，令人匪夷所思。他有著無窮的精力與冒險精神，在遭到失敗與挫折之後，會繼續生出另一個希望，像一棵小草一樣，有著頑強的生命力。他雖不善於辭令的技巧，但卻能熱情助人，這種品質連同他的冒險精神，常能給第一次見到他的人，留下十分深刻的印象。

④用食指、中指夾菸，拇指挺直，還不時地輕按下顎的男性

這類人性情開朗及樂觀，對自己，對生活充滿了信心，相信一分收穫，就要花一分辛勞，工作踏實勤勉，力爭上游。他們大多具有男子漢氣概，做事果斷，勇於擔負責任，所以值得信賴。

這種人大多數都有女性來青睞或崇拜，可他總是採取冷漠的態度，拒人於千里之外。但他一旦尋找到自己心中的女子時，就絕不懈怠，馬上進行熱烈的追求，有時候，

還會採取一些令人意外連連的驚喜行動。不論是在事業上、還是愛情上，他都是一個十足積極進取的。

⑤用拇指與食指夾菸，掌心向外的男性

這種人似乎天生就善於交際。他們喜歡熱鬧的場面，在熱鬧的場面之中如魚得水，不管是對熟悉或不熟悉的，認識的或不認識的，他都能與之談笑自如，似乎讓周圍的人快樂成了他們的天職。他們很能樂於助人，不管有誰請他辦事，他都一口答應，從不推託。對於愛情，他們相信「一見鍾情」，而對於他們一見鍾情的女性，如果最後不能在一起，他們也永不忘懷。

⑥用拇指與食指夾菸，掌心向內的男性

這種人有自知之明，他知道哪些地方做得不好，哪些地方值得發揚。他非常重視自身的發展，是勤勉工作的典型，他安分守己，而在自己所從事的事業範圍內，他力求創新與突破，他不做非分之想，在腳踏實地的實踐中尋找自己的道路。從外表來看，他們十分不惹眼，甚至給人不值得信任的印象，但由於他重視本身，再加上腳踏實地的努力，到一定時候，他便會嶄露頭角，形成鶴立雞群之勢。這是大器晚成型的人物。

⑦將菸夾在拇指與食指間的女性

這類女性因為聰明而給人自負的印象。喜歡和別人就某一個問題糾纏不清，實則有玩弄對方的傾向。等到要她表態時，便擺出一副不置可否的態度，讓人難以洞悉她的心思。她絕不隨便洩漏心事，在感情問題上，也常採用不置可否的態度，往往有玩弄感情的傾向，所以必須注意這種態度，以免玩火自焚、招禍上身。

⑧將菸夾在拇指和食指間，其餘三指彎曲成拳狀，掌心往上的女性

這類女子愛好享樂，她們不放過任何一個可以享樂的機會，她們可以從平淡無奇的生活中，挖掘出她們需要的那種快樂，而且善於製造氣氛，醞釀出一種花天酒地的生活。她們愛慕虛榮，重視體面，講求排場。性情往往會在瞬間起劇烈的變化，讓人捉摸不透。

⑨將菸夾在中指和食指的根部，拇指分開，四指虛握成拳的女性

這種女性十分敏感精明，她們具有根據對方的行為方式，來猜透對方的傑出才能。不過，她猜透男子的心情，比猜透女子的心情，能力要強得多。她們喜歡在一大群男士之間周旋，而不覺得厭煩與勞累，尤其喜歡聽奉承話和讚美詞。感情方面比較隨便開

放，嚮往浪漫的愛情。

⑩將菸夾在食指和中指間，拇指靠向菸，無名指和小指彎曲的女性

這種女性往往給人冠以「冰美人」的稱號，因為她們艷若桃李，卻常常面帶嚴霜，讓人親近不得。她們總是認為每個人都應該懂她的心，所以她時常無緣無故地發一些小脾氣，而事實上幾乎沒有一個人能真正貼近她，理解她的。她個性冷漠，如果發生冷戰，她可以好幾天都不和你說話。

⑪將菸夾在食指和中指之間，五個指頭都虛握成拳的女性

這種女性個性爽朗，有男性化的傾向，對生活態度樂觀，為人處世比較粗枝大葉，沒有女孩子的那種細膩，忘了帶錢，忘了帶課本（如在上學），或者記錯電話號碼或日期等。她們個性趨向散漫，追求無拘無束無羈絆的生活而討厭循規蹈矩，以及傳統觀念的束縛。她們生活得自得其樂，秉持著──「知足者常樂」的女性。

⑫將菸夾拿在無名指與小指之間的女性

這是一種很性格化的女性，她們大多爽直豪邁，有女強人的聰明幹練，不讓鬚眉，

做事當機立斷，辦事效力極高。她是個堅定的女權主義者，堅持主張男女平等，而且還用自己的行動來證明之。

——上述這幾項，主要是羅列了從男性與女性手夾菸的姿勢，來研究他們的行為與性格。除了手夾菸的姿勢外，我們還可以更進一步的分析，那就是從菸頭的朝向，來看一個人的性格。

⑬夾著菸，菸頭與濾嘴幾乎成水平的人

對方為人公正平實，做事思前想後，力求周到，他心中有一個天平，正如濾嘴與菸頭的水平一樣，他努力使一切事情都能各得其所。

⑭夾著菸，點火的一端向外並且往上的人

工作積極上進，但個性偏於保守，而且性格倔強，一旦認定一個方向，便是什麼東西也拉他不住。這種人不容易和別人相處，缺少真正的朋友。

⑮ 夾著菸，點火的一端向外，並且往下的人

這種人不願踏實務實，他們熱中於幻想，有太多的夢想有待實現，而且神經敏銳，對周遭的動靜心知肚明。他們只愛想入非非，而現實的一切，在他們看來只是一種過渡的時期。對於愛情，充滿浪漫的憧憬。

⑯ 把菸藏在手裡，菸頭指向掌心，其他手指把它團團圍住的人

這種人性格保守，不願與人交往，他們孤獨自卑，缺乏自信，常無所事事，又自怨自艾。而且情緒因過多的壓抑已顯得很不安定，易怒易暴。

⑰ 用拇指、食指和中指夾著菸，菸頭向外的人

這種人做事細心，有聰明才智，一旦有用武之地，前途不可限量。他是個追求新潮的人，不論是裝束還是思想，都顯得領先一步。

——以上列舉的是菸在手裡的姿勢，包括菸頭的指向。接著，我們一起來研究夾拿香菸就口的動作。香菸在手中是這個姿勢，但它一旦被拿到嘴上，便不一定依然會保持同一姿勢。因此，研判的時候，必須把抽菸這一過程的不同階段，所代表的不同性格，加以分清楚。

⑱沒有手的幫助，直接把菸叼在嘴邊的人

這種人看上去十分熱情周到，對凡事都要過問參考，無論這件事與自己有關還是無關。他們時常會引起旁人的反感尚不自覺。他們做事積極認真，但有時會很沒有分寸，雖一直認為自己是個言出必行的人，但事實上，他們往往會說出，或做出一些不切實際的話與事。這種人很少城府，喜歡不加思索地相信別人，常常會受騙上當，他們也不十分生氣，過一會兒，就像忘了似的，不再追究。

⑲把菸拿在大拇指和食指中間，手心向著外面的人

這種人心中藏不住祕密，有什麼話，就非說出來才罷休，不然心中總像擱了事兒不舒服。他們有許多朋友，善於交際，左右逢源，與任何人都很談得來，非常有人緣。他們為人樂觀，但對自己的言行則缺少一種責任感，說得頭頭是道，給人以躊躇志滿的印象，於自身卻缺乏毅力和恆心，做任何事情只憑一時興趣，興致過去了，便撒手不管，在他們手中半途而廢的事情不計其數。他們為人很熱情，樂於助人，有同情心，就算是一個普通交往的朋友，只要開口與他商量或請求於他，他都會竭盡自己所能去幫助他。他們的缺點是嘴巴不很牢靠，不能從事有關機密的工作。

⑳把菸放在大拇指與食指中間，而手心向內的人

這種人時常心存疑懼，對周圍的一切表現出一種警覺性，因此總過得緊張兮兮。他生性固執倔強，不喜歡在人前顯露自己的內心情感。他有自己的主張，而且憎惡別人對他任意擺布。如果他不喜歡做一件事情，那麼不論別人磨破了嘴皮子也無濟於事。然而，一旦他下決心去做一件事情，他便聽憑自己直覺與衝動，可以不顧任何反對而進行到底，而且在進行的過程中，非常投入和謹慎。對事業和愛情都如此，他一旦愛上了一個女子，就會變得十分溫柔，也不再那麼倔強了。

㉑用食指和中指的指頭夾住菸就口的人

這種人如果是男性的話，那麼他們大多數缺乏男子氣概，處處顯得比較敏感、神經質，以消極的態度處世，喜歡挑三揀四，有潔癖的傾向，帶一點女性氣質，往往對一些雞毛蒜皮的小事情太過操心，顯得婆婆媽媽。這種人缺乏決斷力與果敢的精神，雖然人很聰明，而且有高明的設計與完美的構想，但卻沒有能力將這種才智運用到工作或者生活當中去，所以，他的才華儘管很不錯，總是得不到上司的賞識。在愛情方面，他卻是一個很有風度的紳士，因而很得志。

㉒用食指和中指的指根拿菸就口的人

這類人恰恰與上述一類人相反，他們非常具有男性氣概，生性爽快，做事顯得乾淨俐落，想到什麼便馬上付諸行動，而且不貫徹到底便絕不肯罷休，從來不拖泥帶水。他們就像一塊生鐵，非常堅硬，但也易斷，亦即如果一旦他們遭受了一次挫折或失敗，那麼他們的自信心便會從此一蹶不振。這種人精力充沛，生命力旺盛，給人以生機盎然的印象。他們樂於助人，因此能贏得周圍人們的喜歡與信任。在感情方面，也貫徹他不完成「任務」永不罷休的性格，但愛情是兩個人的事，因此他有時會陷入單相思的際遇。

㉓夾菸就口時，張開手指的人

以這種姿勢夾香菸就口的人，大部分都是一個精神敏銳，容易不安或是一個陷在煩惱中的人。一般，他們的身子比較虛弱，做起事來，總顯得無精打采，或者精神不夠集中，脾氣較煩躁而且性急。

如果平時都是以上述第㉑或第㉒條的姿勢吸菸的人，忽然改變成㉓這種樣子的話，那一定是目前他遇到了麻煩，因而他在談話的時候，會不自覺頂撞別人以發洩他的煩惱，給人帶來許多不愉快。因此，對於這樣吸菸的人，還是對他稍微體諒一點為好。

㉔拇指中指夾菸就口，除了拇指張開外，其餘四指併攏的人

這種人富有獨立精神，很有自己的個性，他們的心理有點像孩子，聰明、自負、頑皮又帶一點頑固，而且不喜歡聽命於人。他們有時又像個老人，對別人做的事都很不放心，凡事喜歡事必躬親，或者能表示一點自己的意見也是好的。他們喜歡忙碌與工作，而最害怕的是無所事事。雖然他們有時不免有一點任性，但他具有當領導的條件，如果有機會，他們會是個優秀的領袖。他們的缺點是過於性急衝動，好大喜功，會嘗到失敗的滋味。

——下面，我們再從吸菸時的種種姿勢，來研判一個人的性格。這裡面包括吸菸的種類，怎樣吐煙，或者怎樣彈菸灰等等。舉一個例子，人們根據長期的經驗，至少可以得出「驕傲與矜持的人吸菸慢，脾氣暴躁的人吸菸速度快，夢想家常吐煙圈，而率直忠誠的人，沒有特別的習慣。」

㉕吸菸時，把煙氣向左方吐去的人

這說明他比較喜歡懷舊，常常沈緬於自己過去經歷種種事情，或過去遇到的某些

人。這種人為人很自私，凡事以我為主，很少為別人考慮。而且，他們有說謊的習慣，「吹牛不打草稿」，在潛意識裡不求上進。當別人與他相處日益久時，便會洞悉他的為人而「敬而遠之」。

㉖吸菸時，把煙氣向右方吐去的人

這種人大多是一個出色的人物，他們有很強的自控能力，觀察力敏銳，而內心仁厚且喜怒不形於色。他們心胸開闊，有遠大的理想，而對於金錢地位名譽種種，不會斤斤計較，只求問心無愧。這樣的人能博得別人的尊敬和欽慕，他又善於交際，長於辭令。

㉗吸菸時，將煙氣向地面吐去的人

這種人潛意識裡有滿足不了的貪慾，總想占有一些不屬於自己的東西。他們又有固執的個性，常常不聽他人的勸解而自欺欺人。

㉘吸菸時，將煙氣向空中仰吐的人

這樣的人多富有理性，凡事都會被他有理性地分析及冷靜地對待，他們勤於思想問題常陷於一種迷糊狀態，全心投入問題的思辨中。在工作及事業上，往往是個成功者。

但在感情問題上，則顯得太富理性而缺乏熱情。

㉙喜歡深深地吸一口，然後再慢慢吐出的人

這種人大多從事腦力勞動，平時用腦過度，覺得精神疲憊。

㉚把煙氣一縷一縷從嘴角吐出的人

他們大多幸福快樂，高貴文雅，而且懂得生活情趣，有豐富的想像力和創新能力。

㉛把嘴巴張得很開吐煙氣的人

這種人心地純正胸無城府，他們愛自己所愛，恨自己所恨，一切事情在他們看來都是那樣簡單與一目瞭然，對他們而言，不會陷入人際關係網及情感煩惱之中，常被別人羨慕。

㉜把嘴唇緊閉，然後再一口一口地輕輕吐出的人

這種人相當矜持，有時不免自責，他有很強烈的自尊心，以為自己是人類中不可缺少的一個，他相信他的一言一行，都有著非常重要的意義。

㉝將煙氣含在嘴裡，久久不願吐出的人

這種人愛好享受，尤其是物質方面的。他喜歡誇大其詞，說出來的話，時常有百分之五十以上滲了水分。做起工作來卻是心猿意馬。

㉞吐煙氣時，喜歡吐煙圈的人

他們很懂得物質上的享受。他們有時不免浮想連翩，但還好他們都有毅力與恆心來構築他們的夢想。他們時常表現出不屈不撓，吃點虧也不會計較，有可能成就大事業。

㉟煙氣吐出後，喜歡抬頭看煙氣裊裊上升的人

這種人心情平和，有藝術欣賞的心情，他們喜歡幻想，能耐得住生活的清淡平實，嚮往美好和平的世界，性格溫和，感情細膩，很有耐心。

㊱煙氣吐出後，喜歡用手把煙氣抓攏在手裡的人

這種人大多數感性多於理性，他們有著豐富的內心世界，有一些在別人看來似乎是很荒唐的夢想與願望，但他們自身，卻正是為了這些夢想與願望而存在的。

——除了以上拿菸與吐煙的情形之外，我們也常常可以看到各式各樣的抽菸狀況，注意哦，這其中也是頗有學問的……

㊲吸菸時，僅吸到一半便把它打掉，隨即又點燃另一支的人

這種人性情多變，特別是情感方面，總要見異思遷，認為風景總在河的對岸，他們愛慕虛榮，而且也善於偽裝。總之，並不是一個光明磊落的人。如果是女子，則這種性格將會體現得更為明顯。

㊳一支菸幾乎吸到手指，如果有濾嘴，似乎也要把濾嘴吸進去的人

這種人富有理智，為人聰明，他們善於分析且總顯得有條不紊，令人佩服，可是這種人有時不免工於心計來達到自己的目標，而且為人不露聲色，有吝嗇的傾向。

㊴吸菸時，吸一兩口便打掉的人

這種人內心常顯出異常的苦悶，有難以解決的事正有待他去處理，因此內心不免顯得焦躁不安。同時，又表示這種人生活過於奢華浪費，追求物質上的享受。

㊵吸菸時，不斷用食指彈菸灰的人

這種人大多習慣思索，而且，思考問題的時候便忘了身處何方。這一動作也時常體現出這類人正處於煩躁不安，卻又不知如何去開拓一個新局面的境遇中。

㊶吸菸時，從不去彈落菸灰，而只任由它自然落下的人

這種人生性比較散漫，嚮往自由無羈的生活，做事缺乏責任心，凡事馬馬虎虎，只為心不用在此。所以他們對待生活的態度也較消極，常常走到哪裡算哪裡，得過且過。

㊷吸菸時，有人向他提問，在回答對方問題時，先吸一口再說的人

這種人往往善於偽裝，而且遇事不慌，心理素質和自控能力都很強，但他們心性陰狠，為了自己的利益而不惜損害別人。這種人因為他的虛偽而很少有人願意親近。

㊸吸菸時，把菸斜叼在嘴角久久不拿開，且還一邊吸一邊講話的人

這種人一般被人認為是傳統的反叛者，他們與傳統背道而馳，不拘泥於一些道德觀念而顯得放蕩不羈。

㊹吸菸時，把菸端正地銜在嘴裡的人

這是代表大多數比較順應命運與時代的人，他們推崇道德、法律、秩序，他們不同於放蕩不羈的人，而忠於職守，有責任心，是社會的頂樑柱。

㊺吸菸時，連續不斷猛吸的人

這種人勢力孤單，意志薄弱，往往有神經衰弱的症狀。如果這是一個失戀的人，那麼他的這種吸菸姿勢，是為了尋找一條發洩內心苦悶的途徑，想借菸來麻醉自己，忘掉失戀的痛苦，而產生的結果，則往往是——「借菸消愁愁更愁」。

㊻喜歡吸昂貴品牌的菸或吸雪茄的人

他們喜歡過窮奢極慾的生活，追求物質上的享受，平時自命不凡。有時達到了固執的階段就會自欺欺人。或者，這種人本來就是一個愛慕虛榮的傢伙。

㊼喜歡用煙斗抽菸的人

這種人性情溫厚穩定，不大喜，也不大悲，他們對待生活明朗隨和，信奉「知足常樂」，很懂得享受人生。因此，生活過得清閒自在，不讓煩惱所羈絆，在工作或情感

上，他們都是明智的人。

㊽把菸蒂用力壓在煙灰缸裡，而且很久不放手的人

這種人往往有點心不在焉，他們有時心神不定，神思不屬，較容易陷入困境。總之，他們缺乏忍耐力和毅力，喜怒常常顯露於臉上。

7·其他引人注意的體態語言

以上，我們根據一個人的笑、哭、行、坐、睡、食、雙手的姿勢和吸菸姿態等各方面，來研判人們的性格、特徵。人類的體態語言遠遠不止這幾種，要全部羅列，顯然是不可能的，而我們這裡所謂的「其他體態語言」，並不是指除上述以外其他一切體態姿態都被一覽無遺，它是一些非常明顯，而且很引人注目的體態語言。

1·頭部的語言

我們稱領導為「首腦」，或索性簡稱「頭兒」，可見，頭是一個人最重要的作用，如果說心臟的職責是維持生命的話，那麼頭往往變成領導和控制一個人的生命的部分。

昂首時有「趾高氣揚」、「抬頭挺胸」等詞彙來修飾它，一個人在得勢之時，往往便會有這種表現，讓人感到目中無人，難以高攀；時常昂首闊步的人，是個喜歡孤芳自賞，而且自我感覺良好的人，容易滿足於目前成就。

低頭，則最明顯是失敗的訊號。一個人做了件錯事而遭到批評，他總是表現得垂頭喪氣，無精打采。經常在人前垂頭的人，表明他生性怯懦，滯而不前。他時常為生活所累，總顯得畏畏縮縮，小心拘謹。他們為生活忙碌操勞，卻得不到相應的收穫。然而，有一些國家民族，他們視低頭是一種恭敬的禮儀，比如日本人。

頻頻點頭的人，他們一般比較缺乏主見，容易相信和依賴他人。在與人談話時，如果不是偶爾點頭表示贊同、表示欽佩，而是始終點個沒完，超過了常態，同時，臉部流露出一些別的表情，那麼，就表明他已不單單是有同感，而且帶了很強烈的暗示。

① 頭髮的語言

將裝有髮絲的紀念盒送給心愛的人，是完全託付與他（她）的行動，不僅在感情上有助於記起你的存在，更重要的還是象徵將你的靈魂交付給對方。一撮頭髮包含了贈與者躍動的靈魂，將它帶在脖子上，被愛的人仍賦予迷惑和控制贈予者的力量，這是表達愛情的方式中比較怪異的一種，發生在中世紀西歐一些騎士的身上。

古代有一種激烈的頭髮接觸的方式是扯頭髮。這種普通的動作在當時是用來表示哀悼和絕望。在極度激動的情況下如失去親人，女人可能扯下一大撮頭髮，而任它一綹一綹地散落在屍體旁邊，以表示她的哀傷。

而與頭髮有關的動作，最常見的是女性和男朋友談話時，常會用手撥弄對方的頭髮，表示親密關係。而女性則更多可能地輕輕將頭髮往上拂，或者用手指頭來梳攏頭髮，又將它撩向頸後。所有這些小動作都是在不自覺地修飾儀容，好像是在說：「我是在為你修整我的儀容。」

在現代社會，髮型可以直接或間接地透露出一個人的身分、職業，或者某種深層的性格。比如，文靜的女孩子，大多會留著一頭飄逸的長髮，像一道瀑布，遠遠望去，非常寧靜。屬於活潑型的女子，也許就會剪一個男孩頭，短短的顯得很頑皮，或者索性剪成亂糟糟的一個鳥巢，給人以熾熱的生命感覺。如果是一些把頭髮剪得很整齊的男士，大概是一些大企業或銀行的職員，他們處事有分寸，顯得充滿自信。還有一些留著長髮的男性，看上去有著藝術家的懶散與粗獷氣息，他們工作的環境一般都比較自由。

如果把一頭長長的頭髮剪掉，則說明他心中有了一個重大決議，而且這決議馬上將付諸於行動，例如一個想要出家修行，頭髮便象徵了俗世的喜怒哀樂，必須把這象徵紅塵的頭髮剪去，即意味著朝另一個天地出發。有一些女性，在遇到挫折或者失戀等使內心發生了巨大的變化的時候，也會將長髮剪掉。

② 眉毛的語言

在過去，不論是西方還是東方，女士們都愛將眉毛描細，以顯示出女性的嫵媚與溫柔。但近年來，越來越多的女性卻喜歡描粗眉毛，現時不少新潮女性，也畫著兩道令人觸目驚心的粗眉。

美容專家認為，粗眉毛是意志堅強女性的形象，也意味著英武，勇敢和獨立自主。在「男尊女卑」的傳統觀念特別嚴重和頑固，女士們描繪著粗粗的濃眉，正象徵著對「男尊女卑」的傳統觀念的衝擊，體現出新一代女性的強烈進取心。

心理學家指出，眉毛的形狀的確能表現出女性的性格：

一、眉毛長的女人多半愛深思熟思熟慮，處事謹慎，對婚姻也通常如此。

二、眉毛短的女子，缺乏獨立性，但感情豐富。

三、眉毛濃的女子，多粗心任性，但在婚姻戀愛上卻主動。

四、眉毛特別纖細的女子，往往虛榮心強，重名譽，感情淡薄，對愛情不太執著，易造成遲婚。

即使是女子眉心間隔差異，與其性格也有聯繫——

眉心相隔寬的女子，自視甚高，個性外向，具有領袖慾。

每當我們的心情改變，眉毛的形狀也會跟著改變，而產生許多不同的重要信號，一般有以下幾種——

一、低眉又稱皺眉。眉毛並非垂直降低，同時，也略微內，使眉間距離更加接近。低眉有兩種，一種是防護性的，只是保護眼睛，免受外界的傷害；一種是侵略性的，從單純的不同意或自行裁斷到煩惱及盛怒都是的。

二、揚眉時，眉毛不是垂直上升，當眉毛揚起時，會略微向外互相分開，而造成眉間皮膚的伸展，並使短而垂直的皺紋拉平。平時，整個前額的皮膚被壓擠向上，造成水平方向的長條皺紋。通常所說的溝狀紋，一般被認為憂慮的象徵。其實還表示了驚奇，錯愕，詫異，快樂，懷疑，否定，無知，傲慢，希望，不了解，憤怒和恐懼。

上述兩種動作的混合情況稱為眉毛斜挑，兩條眉毛一條降低，一條上揚。它所傳達的信息是介乎揚眉與低眉之間的，半邊臉顯得恐懼，半邊臉顯得激越。這種動作經常發生的人，心情通常處於懷疑狀態，揚起的那條眉毛就像是提出的一個問號。

(1) 眉毛同時上揚及相互趨近，和眉毛斜挑一樣，這情況稱眉毛打結。這種表情通常表示嚴重的煩惱和憂鬱，有些慢性疼痛的患者也是如此。

(2) 眉毛閃動的情況，即眉毛先上揚，然後在幾分之一秒瞬間內再下降，這種向上閃動的短捷動作，是全人類通見的重要歡迎信號，它還經常用於一般對話，是作為加強語氣的作用。

(3) 眉毛連閃即眉毛閃動的動作，在短時間內連續做數次。這是一種丑角的表情，以誇張示歡迎。

(4) 眉毛先揚起，停留片刻後再降下，與眉毛閃動不同處即在那短暫的停留。這種情況稱為聳眉。聳眉有時是單獨發生，有時是伴隨著嘴巴的聳動，但其所表示的感情是悲傷的不是快樂的，或是驚訝和厭惡。

③眼睛

（請參見：第一部・第一章）

④鼻、耳的語言

在日常生活中，我們不難遇到某些人把鼻尖翹得半天高的高傲體態語言。他們常表示看不起對方，以致把臉孔揚起，或者把下巴突得很出，自然地，鼻子便朝向天空，如果這時再以鼻腔中朝對方冷「哼」一下，便正是「嗤之以鼻」的寫照。

精神分析學家弗洛伊德曾經說：「一個人頻頻地用手去撫摸鼻子的行動，正是自慰行為的罪惡的表示。」

除此而外，還有耳朵。當感覺到不願聽對方繼續下去的時候，或者不想跟對方在一塊時，甚至因此而感覺到痛苦時，總是會在無意識之下，挖挖鼻子，或者用手去撫摸自己的耳朵。

⑤嘴的語言

眾所皆知，嘴當然是傳達訊息傳遞意志的最主要器官。但是，除了原來的發揮語言機能的功能之外，有時，也是一種可以發出非語言信號的器官，我們可以通過嘴形的變化而了解到各種各樣的感情表現，比如憤怒，驚訝，舒坦，悲哀，微笑等。根據日常生活經驗，我們每個人大體都可判斷出來。

當要拒絕對方時，常用手掩住嘴巴，這種人善於隱藏真情，而且很富於心計。他們要表達自己的意志，不會採取直接的方法而大多採用比較間接委婉的方式。

有位科學家做過一項實驗，面對著一個大叫大喊的人，如果把頭部向後仰，並做出用手掩住嘴巴的動作，大叫大喊的那個人便會慢慢閉嘴不說話。

喜歡輕輕用牙齒咬嘴唇的人，這種人一旦做錯事以後便會靜靜地反省自己，而且自我處置。他們較深沈，而且有自虐的傾向。

如果嘴唇稍後微縮，則表明他正在聚精會神地傾聽。

⑥下巴的語言

有一種說法，即一個人身上突出部分多而且厲害的人，往往會意味著這個人有侵略別人的意向。這樣看來，下巴的形狀便成為判斷一個人氣質性格重要的部位。一般來說，向前突出而且富有稜角的下巴代表了堅強的意志。又尖又細的下巴表示神經質，精神敏感多疑。圓圓的下巴，象徵了溫和、可親、樂觀。

關於下巴表示自我主張，軍隊裡的教練姿勢——即對規律的服從——便足以說服了。我們可以發現軍隊裡的士兵們大多習慣收緊下巴，那是因為軍隊裡不允許有自我主張，而是一切聽從上級命令。

如果是一隻手托著下巴，久久都不放開的人，則表示這個人缺乏自我主張，要依靠一隻手帶來安慰。這種人常顯得十分寂寞孤單。

⑦臉部的語言

臉頰也是最可能流露出真實感情的部位之一，會臉紅的人一般是年輕、怯生，而又不善於社交的人，他們在複雜世故的環境中，除了顯出毫無經驗與不必要的天真之外，其實也沒有什麼可以引以為羞的事。

臉紅常常不期而遇地出現在與性愛有關的場合，女孩聽到性方面的言辭而不臉紅，不外乎是尚未覺察自己的性慾，或者根本就是厚臉皮。反之，聽到這種言辭而會臉紅的女孩，乃是因為她已意識到自己的性慾，但還沒有經驗。因此我們可以說，臉紅基本上是人類顯示童貞的顏色信號。

關於這點，有一顯著的事實是，古代的奴隸市場上，如果一個女奴站在買主前面會臉紅，那麼這個女孩，將會被賣到一個較高的價錢。

2．肩的語言

平時，帶有「肩」字的俗語有許多，譬如「肩並肩」、「肩負重擔」、「一肩挑起」等等，由此可知，肩可以代表許多身體語言，諸如：威嚴、權利、防衛，以及友善等等。

一、肩膀往後拉的人，這種人有日積月累的不滿，他們心思縝密，但是生活中多逢厄運。他們自我感到責任重大，但卻苦於沒有機會去實現，因此常顯得不滿。

二、肩膀向前傾的人，這種人精神負擔沈重，不堪承受，其實屬於庸人自擾。

三、肩膀部分突出，可以象徵一個人的威嚴和勢力，基於這種心理基礎，在服裝肩膀部位墊兩塊墊肩，除了美觀之外，恐怕就是為了滿足一下權勢欲吧！

四、肩膀還可以成為代表信賴和親密感的身態語言，比如和自己心愛的人一同走路，總喜歡把自己的肩膀挨著他的肩膀。在非常熟悉的朋友面前，拍打他的肩膀，正是代表了你們的親密無間。

3．手臂的語言

有一個古老的英國民間習俗——

如果一個年輕人希望在舞會上吸引女孩子，跳舞之前，他就得在腋下放一條乾淨的手帕，然後才穿上襯衫。隨後，將手帕拿出來，假裝用它來搧熱。事實上，他的行為正是將他腋窩下的氣味，傳送給他意中的女孩，而這個女孩將很快地被它的芳香所吸引。

傳統的那個年輕人，把身子洗乾淨了，再穿上乾淨的衣服去參加晚宴，他的氣味腺體會產生清新的分泌液。乾淨的手帕浸在這種分泌液中，就真的能散發出強烈的性氣味信號，那是原始系統所發揮的作用。

可惜，今天我們的身體幾乎都裹在層層的衣著之下，而皮膚出汗很容易成為各種病菌的溫床。天然的體香在這種人為密封狀態下乃轉而變酸，以至於散發出難聞的氣味。這種情況當然是很討人厭的，所以我們寧可乖乖地在腋窩的腺體上噴灑除臭劑，也不敢貿然發出令人不悅的「體臭」。

在人與人接觸時，手臂的部位常是不帶性意味而是表示友善的動作。

例如，我們幫一位陌生的老人穿越馬路時，扶著他的手臂。如果是引導某人進入室內，則是和緩地用我們的手指引他正確的方向。在這種情況下，如果我們碰觸腰部、胸部和頭部，那麼立即便會引起嫌疑。就這一點而，手臂是人體各部位中最為中性無害的部分。

當兩個人正在激烈地討論某一件事情，或者處於某一車禍的現場對峙之中，常會出現手臂交叉的姿勢，它代表的含義是一步也不會退讓，而且不願別人侵犯自己。這樣的人在特定的場合往往隨著他人的影響而改變自己一貫的做法，平時比較拘謹的，一交叉手臂，也將會變得倔強，蠻橫無禮了。

手臂交叉並不僅僅代表對峙。在傾聽精彩的演講或陷入沈思之時，也往往採用這種手臂交叉的姿勢。這種人渴望占有，有無限的欲望，不願目前所擁有的一切離開自己。

女性在等待情人的時候也會雙手抱著手臂，這裡包含著一種拒絕的訊號，就是告知別的男性，她已經有了愛人，別再打什麼主意了，有拒人於千里之外的意味。

4．手的語言

有關於「雙手暴露出的祕密」，我們在〈第五章〉中已詳細解說過了，這裡不再細表。僅再補充幾點。

自古以來雙方碰到一起，是為表示手中沒有武器，沒有侵犯意圖，於是就張開雙手給對方看。今天人們也同樣用攤開一雙空手表示「攤牌」，說明不僅沒有隱藏任何有危害性的東西，而且沒有危害念頭。

有時候這種求得信任的姿勢，往往被訓練有素的政治家和談判專家所利用，他們有

意識地發射這樣的人體信號，從而造成假象。碰到這種情況，尚應注意人體語言中的其他下意識信號；講話時是否直接看著聽眾，嘴巴是否在抽動……

若把張開的手翻過來，即手心朝下，意思就完全不一樣了，它是顯示一種起主宰作用的手勢，即使說話者的語調中沒有命令的口氣，但只要做出這一手勢，就表示他剛才說過的意見或指示一定得照辦不可，充分體現他的獨斷專橫。

5．鏡子對稱動作

鏡子對稱動作完全是一種下意識的模仿。比如有兩個人坐在桌旁或酒吧的櫃檯旁，他們的姿勢正好互相對稱，這說明其中一個人對另一人十分佩服，所以也擺出一樣的姿勢，這種擬態現象往往發生在好友之間，以及處理得很和睦的夫妻之間。如果我們在一次會談時，發現有人做出跟我們類似的動作和姿勢，這是一個好兆頭，它說明這位與會者的意見和我們完全一致。

美國的企業經理學校中，在培養未來的銷售經理時，多數設有一門特殊的實習課，即讓學生列席產品推銷談判或其他商務談判。

在談判過程中，學生的任務是祕密地模仿用戶的姿勢、表情，以便讓他們在今後的工作中習慣仿效對方的人體語言，使對方感到你是一個可信賴的人。但有一點應注意，在與上司或級別較高的人物會談時，模仿其動作卻意味著狂妄而可笑，它只會引起對方的反作用罷了。

6．女性的體態符號

人類可以大分為男性和女性。自呱呱墜地起，便可見生理上第一性徵的差別。因為他們生理性別的不同，因此，身態形貌，以至於性格、思想、情緒、舉止、言行、服飾等等，也就有了一定的傾向。比如：

約有三分之二至五分之四的酗酒者都是男性。十個丈夫之中，只有一個會繼續與酗酒的妻子生活；但十個妻子之中，卻有九個會繼續與酗酒的丈夫生活。這是男女之別的一個例子。

研究也顯示，遇盜賊時反抗的女性比男性多百分之二十五。

男性在哭泣時雙眼會流淚，而女性在哭泣時會訴說，而且喉嚨哽咽。

男性時常會害怕愛侶被害或自殺，而女性則常會害怕愛侶遭遇意外或年老死亡。

同時，女性做決定的速度比男性快。

男性做的夢多數與陌生人及暴力有關，他們夢見男性的次數是夢見女性的兩倍。即使做夢見到女性，也多半是與性愛有關的。女性的夢境通常在戶內，或者是在一些熟悉的環境。夢境的氣氛大多是友善的，除非是正值月經之前——這時候的女性在做夢時會覺得懊惱，厭煩及緊張不安。

入學前的男孩比女孩更愛支配別人。中學時期的男孩子也比女孩子愛支配人。成年後，婚姻生活越長久，妻子就越來越成為支配者。

女性比男性更能挨餓和忍受精神壓力。

約有百分之二十五的男性在第一次約會就會愛上對方，但女性到了第四次約會，才有百分之十五愛上對方。

男性在年輕時會交很多朋友，但女性到了中年之後才會有更多朋友。

大多數對成年人所作的調查都顯示，男性和女性愛搬弄是非的程度是一樣的，只是方式不同罷了！

患失眠的男性數目是女性的兩倍。

女性比較懂得鑒貌辨色，從對方的面部表情、動作，及聲調了解言下之意。神經和精神科專家韋柏醫生估計，這可能是由於女性腦部左右兩部分連接得比男性緊密，能將接收到的訊號迅速地來回傳遞，反覆思考。

聲稱快樂滿足的已婚男性幾乎是單身男性的兩倍。但已婚的女性卻比單身女性更表示不快樂，不管有了孩子與否。

女性的記憶力似乎比男性好，尤其是對那些與她分開了一段時間的人。

——上述主要是列舉了男女之間的種種差異的表現。

在這裡，我們著重來研究一下女性的體態符號。

① 對你表示好感的小動作

首先便是視線。著名的心理學家麥凱亞卡爾在《對人行動的心理學》裡面說過，人類在一對一交談時，把視線投在對方的臉上的時間約占全體的百分之三十到六十。如果超過了這個平均值，在交談過程中，如果一直看著對方的話，那麼，他並不是對談論的內容感興趣，而是對講話的人感到興趣。

反過來說，雖然不太親熱，但是對他有著好感的話，則有時候會儘量避免與對方的視線接觸，在對方沒有看這邊時，雖然會凝視對方，然而，對方一旦把視線投向這邊，她就會迅速地把視線移開，因為她害怕對方會察覺到自己在偷看他，於是只好採取「快速掃描」的方式。

當一個人看到自己關心的對象時，瞳孔就會不自覺地放大。有人說女人會睜大眼睛看她心愛的人，或許就基於這個道理吧！

除了視線方面有變化之外，女人碰到自己喜歡的男人時，有時也會故意裝成面無表情的樣子，或者跟他隔一段距離走路，或甚至會故意和其他的男人表示親近等等，表現出恰恰好跟她的內心相反的態度。

② 表示對男性有安全感的小動作

一般說來，女性的警戒心是夠強的，因此不大喜歡冒險。乍看之下似乎是一觸可及，想不到無論展開多麼猛烈的攻勢，她總是一味地拒絕。多數的男性為了解除此種女性特有的警戒心，可說用盡了心思。

另一方面，女性既然對某男性消除了警戒心之後，她就會做一百八十度的大轉彎，立刻變成滿不在的樣子。例如跟一個剛認識的男性交談時，她總是畏畏縮縮的，然而一旦她獲知了對方是她親戚的友人時，她就會立即捨棄畏縮的態度，彷彿他就是家人似的，改用非常親暱的口吻跟他交談。

不過，話又說回來，這並不是說，女人改變以親暱的口吻與別人交談，就意味著她已經完全解除了警戒心，充其量，只不過停滯於某種社會性的關係，鬆弛了最外側的警戒而已！尤其是意識到性方面，也就是關於更內側的警戒心，通常是不以語言的形態表現出來的。例如，女性發覺到男人盯著她看時，都會自覺地把衣服的領口拉緊。因為敞開的領口，意味著性方面的不檢點，所以馬上表現出對性的戒心。

女性服裝的暴露，使人聯想到性方面的不檢點，古今都是一致不變的。

當年輕的女性意識到男性的視線時，她就會很在意裙子上面的皺紋，並努力著想拉平它們。諸如這種尷尬的情景，是我們時常可以看到的。

反過來說，在男性面前仍沒有察覺到上衣扣子鬆開的女性，她的警覺性已經變得很薄弱了，在這種場合下，如果是一對情侶的話，或許她的心扉已經完全地打開了，也許她更暗示著他，可以向前「更進一步」呢！

③表示拒絕的小動作

有人說，東方人是個不會講「不」的民族，尤其是有女性的場合，當面拒絕別人，總會被認為是很沒有禮貌的一件事。因此，往往會以曖昧的態度婉轉地拒絕。

例如：東方女性在外國最容易招致誤解的原因之一，就是曖昧的微笑。歐美的女性對陌生人幾乎是不微笑的，然而東方女性就不同了。結果，對方認為她對他有好感，甚至認為她是很容易「上鉤」的女人。

微笑當然也含有表示好意的意思，不過以東方人來說，往往也是表示對人沒有敵意的信號。因此，儘管女性面帶微笑，然而，並沒有一個真正在聽你的話，也沒人幫腔，這也就等於是在告訴你，她對你說的話並不感興趣。

當東方的女性對你說：「歡迎有空來寒舍坐坐！」而你卻當成一回事，而真的登門拜訪的話，她一定會感到非常的尷尬。有如女人表面上微笑著與你應對，內心裡卻是表示婉轉的拒絕，這種例子可真不少呢！

舉一個例子來說，當閣下和一個女人在咖啡店裡，面對面地交談時，她逐漸地身體往前傾，遇到這種狀況時，你要如何下判斷呢？男與女額碰額嘰哩咕嚕地細語，一瞧就知道是一對熱戀中的情侶。

然而，只有男性伸直著背脊，說得天花亂墜，而女性卻一味把身子往前傾，這是表示她想中斷男性的話，她想以侵佔對方的身體位置使他感到惶恐不安，以至於不得不中斷話題。這是一種無意識的「攻擊」，你應該識趣一點，又臭又長的話，反而會招致反效果。

第三部

行為習慣篇

I・處理金錢面面觀

對所有男人來說，幾乎每一個人都很關心對象具有何種的金錢觀。尤其是到了談論婚嫁的年紀時更為關心，因為它是左右以後生活計劃的大問題。那麼，應該如何去看穿她的金錢觀呢？

其實這並不難，只要稍微注意一下她日常的動作、態度，以及行動就可以了。以年輕女性來說，最大的支出恐怕是衣飾、化妝品之類吧！

當她想買一件衣服時，如果老是猶豫不決，走了好幾家店鋪的話，那麼，很明顯的，她的荷包是捏得很緊的。反過來說，如果毫不思索，當場就買下價值好幾千元的衣服，那麼毫無疑問的，她是缺乏生活感的了。

有一位在百貨公司女裝部工作的主任，他長年跟女性客周旋的結果，使他差不多可以看穿每一個女顧客的心理。據他說，把錢幣放在口袋裡弄得叮噹作響的女性，對金錢方面的關心很深，而慣用手指纏拉頭髮的女人，對金錢執著的傾向很強。那一些女人所以把口袋裡的錢幣弄得叮噹作響，乃是因為能用耳朵來確認金錢的存在，用手指纏拉頭髮的女人，正表示著她不會輕易地花掉金錢。

除了買東西時一些小細節能看出一個人對金錢的態度之外，從另外許多方面，也同樣可以體現出來。

比如，吃東西時，很整潔地從一邊開始吃，表示他「施與取」的觀念清楚。反過來說，喜歡打長電話（就是喜歡在電話裡談上半小時，甚至一小時）的女人，正表示出了她用錢沒有節制，也就是金錢觀念很鬆。具有蒐集布娃娃等癖性的女性，就跟那些厭惡賭徒的女人一樣，本來就很善於精打細算，說得難聽一點，就是一個一毛不拔的小氣鬼，同時也有一點幼稚。

綜合以上所述，從意想不到的地方來看一個對金錢的態度，並從這態度，可以大致地研判出其性格來。

這裡有一個笑話，通過四個不同的國家民族的人，對金錢處理的不同態度，來看他們的各種心理類型。

心理學家為了試驗不同民族的人在處理路上遇到別人遺失鈔票的不同方法，所透露出的心理信息，特意在馬路上放上一張鈔票，果然發現不特定的四個人——中國人，日本人，美國人，英國人，各有不同的處理方法——

(1) 英國人看到了這張大鈔，蹲下來拾起鈔票，看了一眼以後，好像已經確定這一張大鈔並不是自己遺失的，又紳士地把這張鈔票放回到原來的地方，繼續走自己的路，好像什麼也沒有發生過一樣。

(2) 中國人在很遠的地方就發現了這張大鈔，他們為了證實鈔票的真實性，他們開始故意放慢腳步，一面盯著鈔票，一面緩緩走過來，終於來到了有大鈔的地方，停下步伐，用腳踩住鈔票，一眼都不看便把它放進自己的口袋，並且好像怕人發現似地加快腳步，逃避似的離開。

(3) 日本人有點像中國人，只是他們是非常自然地來到有鈔票的地方，蹲下來，裝模作樣整理鞋帶或拂拭皮鞋上的灰塵，順便撿起鈔票，再裝模作樣一番，再顯得很沈著，很從容地離開。

(4) 美國人發現了這張鈔票，會非常自然地撿起來放進自己的口袋，好像熟知「微罪不舉」的法律意義一樣，很自然地、如同是撿起了自己掉下來的錢一樣，既不做作，也沒有任何不好意思或者緊張的模樣，好像根本沒有發生什麼事一樣。

這個笑話並不好笑，但它很有深意，故意用四個不同民族的人來比喻人性。中國人的撿錢的舉止，代表謹慎小心，貪圖便宜卻又恐遭非議的心態；日本中的撿錢舉止，代表狡猾奸詐，卻善於偽裝，做事不著痕跡的類型；美國人撿錢的舉止，代表心胸坦蕩，光明磊落，敢做敢當的類型；英國人撿錢的舉止，屬於人人都會好奇，但不貪不義之財的類型。

這是幾種撿拾鈔票的心理形態。在處理金錢的時候，如果稍具觀察力和細緻心，會發現每個人都有自己的習慣和愛好。

舉一個最簡單的口袋裡零用錢多少的例子，有的人身邊總會有大把的現鈔，就算他的財力並不雄厚，他也不能改掉這個習慣，還有的人他從不注意自己身邊有無零用錢，有時一換衣服，忘了從口袋裡拿出錢，因此他有時身無分文，也便不是甚麼奇怪的事。

我們可以從一個人處理自己金錢的方式來觀察研判一個人的性格，大約可以歸納出以下幾種類型——

① 一年三百六十五天，每天身上都喜歡帶著一大疊現金的人

這種人性格開朗樂觀，喜歡處於朋友或眾人之中，潛意識裡有好自我表現傾向，也暗示著他喜歡誇耀他的成就。他不甘寂寞，喜歡熱鬧，善於交際。愛結交朋友，十分豪爽，上飯館吃飯，他總會第一個去搶著付帳，因此深得他身邊朋友的好感。

他不拘小節，重視友情及世上一切美好真誠的情誼，但也正因為他們的豪爽和重感情，他們往往會被別人利用，或者無緣無故受到牽連。

② 喜歡將口袋中的錢幣弄得叮噹作響的人

這種人個性樂觀，開朗，對一切煩惱都覺得無所謂，他們散漫不羈，隨遇而安。快樂時能與人一起分享，獨處時也能為自己尋求樂趣，在口才方面很有特長，喜好與人開玩笑。他們很少有煩惱，所以生活得充實又快樂。

③ 有了錢財，便迫不及待地在人前炫耀的人

大多出生榮華富貴，習慣於養處優，處處方面都表現出優越感，懂得享受與怎樣花錢讓自己快樂，他們喜歡奢侈，會毫不吝惜地將大把的錢花在衣飾和小飾品上，並以此為滿足。

如果衣飾普通但喜歡炫耀錢財的人，這種人自尊強烈，但自卑感更強。他們通過自己的勤勞努力賺錢之後，炫耀錢財來希望別人對他另眼相看。

④ 喜歡積存硬幣的人

這種人溫和善良，謙遜有禮，感情細膩豐富，他們喜歡沈浸於往日的美好回憶之中，時常憶起舊日的朋友和與他們共度的快樂日子。他們遵從古禮卻並不守舊，有「受人點滴，湧泉相報」的本質。他們對於感情非常執著，一旦對某人付出感情之後，很難收回或者改變。這是他們最大的優點，但也許也正是他們致命的弱點。

⑤ 喜歡將錢幣排列得井井有條的人

他們的大鈔、小鈔以至零錢，都井井有條地排列在他們的錢袋裡，每當要用錢的時候，拿起錢來又清楚又方便。性格也可見一斑，他們一絲不苟，對於煩擾複雜的情況也能化複雜為有條理，善於計劃事情，總能提前完成工作，提高了辦事效率。他們喜歡預算，即使與女朋友相交，也不免有精打細算的傾向，但這並不妨礙他的交友，因為一切他都是暗地裡進行的。

⑥喜歡把金錢分別藏在幾個口袋的人

這種人性格也有一絲不苟的傾向，他們在一定程度上顯得比較頑固保守，為人也較小氣，做事喜歡算計，因此常顯猶豫。還好並沒有頑固到不開化的地步，做事有時也很活潑，不至於撞到南牆也不回頭。

⑦總記不清將錢放在哪裡的人

這種人對金金錢抱著無所謂的態度，在他家裡，隨處可見一堆一堆的硬幣，有時紙幣也隨手亂放。這種人思想浪漫，有相當的聰明才智。他們率直真誠，沒有城府，缺乏心機，但因為他們的熱情與隨和，常受到人們的歡迎，運氣不壞。他們有時粗心得像個傻大個兒，但當思考問題或想心事的時候，卻是全神貫注而心無旁騖的。

⑧時常把鈔票捏在手上的人

這種人生活艱苦樸素，因此用錢謹慎，別人很不容易把錢從他的口袋中騙出來。他做事有目的、有計劃、有步驟，在事前會精打細算，等到全部考慮穩妥以後才會決定去做。這種人刻苦耐勞，懂得創業時的艱辛，他們不大注重物質享受，比較質樸，但他極具責任心，不管是對事業，還是家庭，他都能全身心地投入。他節儉持家，有時給人小

氣的印象。但如果覺得是應該用的錢，也會非用不可，因為他們是有主見的人。

⑨喜歡把錢摺成小方塊的人

這種人生性比較保守，但追求新知識和樂於接受挑戰，希望能儘快打開保守的局面，他們把這個作為人生的奮鬥目標和對生活的享受。他們聰明機智，而且給人幽默風趣的印象。他們大部分都希望能從事動腦動的職業。

⑩不喜歡新潮的錢包而只喜歡用老式錢袋的人

老式錢袋是指錢袋裡面分別幾種不同格子，可以分別放置大小鈔票及零用錢一類的錢包，是大眾喜愛的樣式。

這種人心地善良，樂於助人，待人隨和親切，喜歡念舊，同時，他又信仰和尊崇傳統的美德，為人謹慎細心，喜歡整潔和有條不紊，不但生性如此，而且做起也是如此。他善於企業管理，是個絕佳的管理人才。

2・服飾會表達一切

每天上班，上學，或與情人幽會，或去公司開會，你都會選擇哪一套衣服來穿呢？你是否知道雖然你未做任何言語，但從你的衣服搭配，顏色，裝飾等各個方面，卻處處透露出你的性格情緒，而你內心深處的一些隱藏的希望和理想，也可借助你的服飾來得到充分的表達。

以現今的社會，衣服雖然沒有太絕對的年齡之分，但一般來說，年輕人更喜歡追求流行和潮流，他們關注著櫥窗中形形色色的新品，打破了既存模式，積極追求未知，並且追求對哲學的思考。

服飾還可以讓我們發洩情緒，當我們感到沮喪壓抑的時候，總會套上一件黑色或暗灰的外套，在這樣一種灰色調的對比下，我們沈浸於悲觀一定時期後，會慢慢振作，拋棄黑色外套，在這樣一段時期內，灰黑色調成了撫慰我們心靈的不可缺少的因素了。有些人很自卑，對於自己的能力不敢予以肯定，他們需要證明自己來贏得別人對他們的尊敬。若是個性極為怯懦膽小的人，他們都會故意選擇穿制服的職業或工作，因為「一視同仁」的制服，可以讓他們隱藏一些弱點，讓他們充滿自信，再逐步達到事業的成功。

1．女性服飾淺談

最近的年輕女性，幾乎每天都要更換服飾，來迎合每天不盡相同的心情和情緒。如果有一天，她的服飾或者髮型起了非常大的變化，那很可能說明她的內心渴求變化，想改變目前的一些境遇。

一、從服飾的顏色可以判斷人的心情

例如，喜歡穿紅色調衣服的女性，往往被冠以——「熱情、活潑、大膽，而且慾求不滿的人」的稱號。她們喜歡獵奇，對於日常生活的平淡總感到不滿足。對於流行服飾及一切都特別關注和敏銳。她們喜歡情人與她們一起玩樂，但多變的性情卻叫人往往無

法捉摸。

而喜歡綠色的女性似乎和她們不太一樣。喜歡綠色調衣服的女性，生性溫柔謹慎，做事認真，努力，並且執著於自己的理想，她們善於體貼別人，包括她的丈夫和孩子，把生活安排得井井有條，凡事都有一個切實可行又不會太保守太單調的計劃。是典型的「務實派」，也是典型的「賢妻良母」。當然，要從衣服的色調中透視出她的情緒和性格，就必須先要弄清楚一般的人對各種顏色具有的概念。

①白色系

在一般人的概念中，白色象徵了純潔，如新娘的禮服。

平常多穿白色系衣服的人，性格清純，樂觀，生活中她以微笑相迎，有適應力，工作愉快，心情舒暢。或者有潔癖的傾向。

②黑色系

在一般人的概念中，黑色代表嚴肅，如宴會或會議廳的一些正式禮服。

平時喜歡穿黑色系衣服的人，在情緒上往往有壓抑與不滿足而需要發洩。他們不善於也不期望贏得別人的注意，常縮在角落裡逃避別人的眼光，顯得十分孤僻，但黑色也代表叛逆。

③紅色系

在一般人的概念裡，紅色代表熱情，奔放，積極和喜慶。

喜歡穿紅色系衣服的人，往往是大膽、喜歡尋求刺激，並藉此引人注目。但有些人也會表裡不一，是寂寞，朋友不多的類型。

④黃色系

在一般人的概念裡，黃色代表了高貴與雍容。

喜歡穿黃色調衣服的人，她是個輕鬆愉快而不會自尋煩惱的人，她很明智地選擇現在，無論過去多麼美好多麼讓人留戀，她也會全身心地投入到她當時所做的事。她們唯一有的缺點便是有點見異思遷，一山望著一山高，也正因為如此，她們總會不斷地進取和付出。

⑤藍色系

在一般人的概念裡，藍色代表著智慧，冷靜思考，以及真摯的感情。深藍色，也是禮服常選的顏色之一。

喜歡穿藍色系衣服的人，往往有冷靜的頭腦，以及善於思辨，富有理智。她們為人隨和，待人真摯。她不願與人發生爭端，因此不去加入別人的紛亂。她們一旦找尋找到適合她們的環境，便安於現狀。

⑥綠色系

在一般人的概念中，綠色代表生機、高尚，有時也代表仁慈與理性。

綠色是代表希望與新生，喜歡綠色系的人，大都是開朗有活力的類型。

⑦紫色系

在一般人的概念裡，紫色代表了華貴與憂鬱。

喜歡穿紫色系衣服的人，她們思想浪漫，富有激情，熱中於不切實際的幻想。她們待人隨和，精神上時常露出憂鬱的一面。可以說，她們是需要生活在夢境中的人。她們對待生活，往往因拿不出切實可行的辦法，而感到深深的苦惱。

⑧金銀色系

在一般人的概念裡，金銀色象徵了財富。金色代表尊貴無以匹敵，銀色代表了白色的極致又冷又艷。

喜歡穿金銀色系衣服的人，她們大多出生豪門，追求獨立的生活和人格，喜歡獨樹一幟，與眾不同，她們聰明機靈，善於處理人際關係，因為喜歡交際，所以會有不少的朋友。

——綜上所述，用一般人對各種顏色具有的概念來研判一個人的內心情緒。一般的，比較鮮明艷麗的色彩，用來表示正直，快樂，上進，樂觀的人們，她們喜歡和朋友交往座談，性格偏於外向型，喜歡發言，舉杯祝詞，而且消息靈通。

喜歡穿暗色調或黑色衣服的人，往往屬於心情抑鬱，容易焦慮和做不必要的擔憂，即使是不大重要的事也會影響到她的重要決定。在人多的地方，她處於不顯眼的位置時才自我感覺良好，她不喜歡處在大家都能看得見她的一小群人當中。她們心地善良，但卻很固執地偏重於紀律。

有些女性穿著很不相稱的顏色的衣服，或者穿不適合某種場合的顏色的衣服，比如在喪禮上穿得花花綠綠，那麼，這種情況往往表示她因為受到挫折而使精神失衡，而且，正處在無力自拔的境地，需要別人的幫助。

二、從女性追隨流行與否，也大致可以看出一些性格特點

有人說過，這世界如果沒有女性這種動物，也就不會有風尚這玩意了，您是否曾經注意到，一切流行的風潮，百分之八十以上，他們鎖定的目標對象都是「女性」。所以說女性是領導人類前進的動力！

①追隨時尚，穿著非常新奇時髦流行的女性

這種人性格爽朗，不拘小節，性情比較乾脆，做事爽快，可稱「女中丈夫」，但性情起落較大，容易忽冷忽熱，常令人難以捉摸。

②衣著非常簡樸，歷來如此，而不為潮流所誘惑的女性

這類女性有自己的為人處世原則，她們不為外界的變化而改變，平時顯得自信，有時不免自負。與女性相比較，她們更喜歡與男性朋友相處，但又不會將某一種關係持之

以恆。

③喜歡穿西裝的女性

這類人處世穩重老成，加上謹慎，很難讓她們出錯。她們溫柔寬厚，能接受新事物。但似乎對她們沒有構成任何誘惑，稍嫌保守。然而對於感情總是發自於至情，不會玩弄任何手段。她們會找到真愛，結婚之後，將會是一個賢妻良母。

④喜歡穿喇叭褲的女性

這種女性思想意識比較先進，在經濟，生活與人格上都爭取獨立。她將是一位有高度事業心和責任感的職業女性。如果她不是職業婦女，則她會是個才華橫溢的藝術家或音樂家，具有天生的藝術細胞和興趣愛好。

⑤有些不修邊幅

她們很不在意服飾的搭配和講究，這種女性現在似乎越來越多了。她們不修邊幅，在很大程度上，是因為她們的欲望得不到實現而存在的壓抑，並對他人，社會習慣和制度的不屑一顧和叛逆性。

三、女性的裝束，除了外套以外，還有一些飾物與之搭配

這些飾品、飾物可以是皮包、皮帶，甚至一個小小的髮夾，或一枚精緻的別針。而從這些搭配，當然也可以從中透視出這些女性的性格。

①項鏈上有小蟲子動物墜子的女性

這類女性性格喜歡自由自在，不受任何拘束，她們常朝三暮四，從來沒有一個能讓她持久地愛慕。在熱鬧的晚會結束後，她們時常感到寂寞冷清。

②項鏈上掛著雞心墜子的女性

這類女子為人比較中規中矩，性情溫和，沒有太大的大起大落，她們一旦付出感情，便非常執著，絕不再左顧右盼，像一個舊式的女子一樣忠貞。但她們又十分保守，如果心裡喜歡別人，卻往往缺乏勇氣向男方表白。

③項鏈上掛著星型墜子的女性

這類女性顯得太過自尊自愛，她們希望得到別人的讚美和奉承，便喜歡在人多的地方表現自己，自尊心也特別強烈，聽不得批評的言詞，否則容易挫敗和記仇。

④喜歡在胸口裝飾一個大蝴蝶結的女性

這類女性感情細膩豐富，凡事容易牽腸掛肚，不是沈浸在回憶中留戀過去，就是在期待遲來的愛情，往往是羅曼史小說中的女主角。

⑤喜歡木製項鏈的女性

這類女性有著非常矛盾的兩個方面，一方面，她喜歡好管閒事，不關她的事，也總看到她在那裡煞有其事地與人爭論辯解。但另一方面，她們對人又懷有一種戒備的心理，她不能完全信任任何人，包括她的丈夫。

⑥喜歡戴金手鐲的女性

這類女性懂得金錢觀念和價值，是個純粹的實用主義者，她們過慣了有高度甚至奢侈的物質享受的生活。與人相處，人情淡薄，習慣用金錢來衡量一切，甚至於感情也不例外。

⑦平時喜歡戴手鏈的人

這種人性格比較柔弱，她們很容易感到不安和寂寞，渴望依靠和被關懷，特別是面對比她們年長而且成熟的男性，她們更容易產生依賴性，再進而發展到愛慕的階段。

⑧喜歡戴手錶的女性

這種女性嚴肅認真，強調一切紀律與規律。她們是一些時間觀念很強的人，有競爭意識，為人開朗好客，很容易和人相處，但要真正達到默契的人卻不多。因為在一定程度上她太過刻板，因此放過了許多可以成功的機會。

⑨不喜歡戴手錶的女性

這種人性格很隨便，不喜歡被人拘束，不喜歡循規蹈矩，她們嚮往自然，嚮往自由，做起事來往往只憑個人喜好，而不考慮他人的感受或大局，缺乏責任心，很難承擔責任，容易給人不穩重的印象，而且她們依賴感很重。然而對於感情卻出於真摯，往往發自肺腑，不會弄虛作假，玩弄技巧。

⑩手錶面在左手內側的女性

這類人聰明靈秀，個性內向，不敢與生人特別是陌生的男人說話，在熟人面前，有時也會怕羞，因此，當她們心中鍾情於一人時，卻又不敢表達，也不敢讓任何人知道，時常顯得憂鬱。

⑪ 手錶面在右手外側的女性

這類女性有「假小子」的傾向，她們生性活潑開朗，樂於助人，善於交際。她們不安於現狀，總嚮往另一個世界，喜歡新鮮，喜歡冒險和刺激。她們善於表現自己的成功與優勢，希望引起別人，特別是她們所鍾情的男子的注意。

⑫ 喜歡比較大而樸素的皮包的女性

這類女性常常會是一個具有強烈事業心的職業女性。她們精明，大方，具有一種不可侵犯的氣質。她們懂得金錢的價值和怎樣花費在該用的地方。她們善於調節工作和休息的時間，做起事來會全身心地投入而心無旁騖，休息時間有豐富的安排，生活得比較充實。

⑬ 喜歡超小型皮包的女性

這類女性注重物質享受，她們往往喜歡結伴逛街，注意流行趨勢，看到自己喜歡的東西，便一心想要得到手，一旦花起錢來，大手大腳，不會去考慮明天的生活，眼光比較淺短。她們還有浪費的傾向，處理金錢的態度很是散漫，傾向於「購物狂」。

⑭ 喜歡束皮帶的女性

這類懂得自我約束，自我檢點的女性，她們渴望輕鬆地生活，渴望能吸引別人的眼光，這樣會使她們產生一種優越感，但她們這種人卻缺乏勇氣主動出擊。

⑮ 不喜歡束皮帶的女性

這類女性性格浪漫，不受拘束和束縛，內心憧憬著自由的天地，總愛幻想一些不可能發生的事情，而樂此不疲。她們溫柔寬大，但柔中帶剛，在一些需要決斷的難題面前毫不退縮，有頑強的生命力和忍耐力。雖然在情感上純真浪漫，但往往有挫折，最後終能找到幸福。

⑯ 喜歡束形式簡單的腰帶的女性

這類女性往往富有智慧，屬於內秀的人，她們生性靜謐，不求引起他人的注意，生活在自己構築的理想天地裡。她們給人的印象是文靜，聰明，不合世俗又值得信任。她們富有細膩的感情，又具有理性，能夠適當地控制自己的欲望。

⑰喜歡束寬闊皮帶的女性

這類女性對現實抱著不滿足的態度，她的許多欲望都得不到滿足，她希能夠改變現狀，在生活中能多一點刺激和新奇。喜歡束寬闊皮帶，是一種感情上有所困擾的表現，常會顯出苦惱煩憂的表情，希望能夠取得別人的同情和幫助。

四、母親在給她的孩子穿著打扮時，已稍稍地流露出了她的情緒

你是否已經結婚？開始養兒育女了，你在為兒女裝扮之際，無意中，會洩漏出自己的祕密，你知道嗎？

①喜歡和女兒穿同樣布料顏色衣服的女性

這類女性往往有強烈的支配慾，她們需要別人聽命於她，讓她完全地佔有，這表明她們的心理並不怎麼成熟，同時，潛意識裡她對做母親這一現實還懷有某種羞怯感，或者說，她正在不自覺地抵抗。

②喜歡把孩子穿著打扮得漂漂亮亮的女性

這類女性在她們的童年往往從未穿過漂亮的衣服，她們現在把子女打扮得漂亮，正是在完成她童年裡不能實現的願望，並藉此獲得心理的補償。

③喜歡把孩子打扮得像成年人的女性

這類女性，在婚姻生活上往往感覺到不滿足與困惑，她們把孩子打扮得像成年人，是在彌補自己的失落和不滿。

④把女孩打扮成男孩，或給男孩穿女孩衣服的女性

這類女性往往是在滿足她未能實現的願望。她希望生個男孩，但結果是個女孩，為了使心靈得到平衡，她故意給女兒穿男孩的衣服。反之也是。

⑤限制孩子的穿衣選擇的女性

這種女性往往不滿意自己的成長過程，因此她希望能給孩子設計出一個她希望中的童年。或者，這類女性限制子女穿著適合他們年齡的衣服，以剝奪孩子的正常童年，來發洩自己內心的不滿。

其實，大部分的父母在給子女選擇穿衣服，體現出她們的態度和情緒偏愛。而父母的態度對子女性格的培養和奠定，有著莫大的關係。

據來自日本的一份研究資料可以看出——

支配型的父母——培養出溫和，服從，沒有自發性，消極和依賴性重的孩子。

保護型的父母——培養出情緒穩定，思慮深沈，親切但是缺乏社會性的孩子。

嬌寵型的父母——培養出幼稚，任性，軟弱卻具有反抗性，又帶有神經質的孩子。

服從型的父母——培養出蠻橫，常會無理取鬧，不順從，並且沒有責任心，攻擊性強的孩子。

忽視型的父母——培養出冷酷，具有攻擊性，情緒不穩定的孩子。但他們常常富有創造性與社會性。

拒絕型的父母——培養出為人冷淡，蠻橫，喜歡惡作劇，並帶有一定的神經質，一切行動反傳統，反社會的孩子。

殘酷型的父母——培養出固執，冷酷，帶有一定的神經質，凡事習慣逃避，有孤僻獨立的傾向。

民主型的父母——培養出直率親切，樂於助人，性情開朗，善於社交，並帶有獨立精神和創造力的孩子。

專制型的父母——培養出情緒很不穩定，既反抗一切命令又富有依賴性的孩子，他們以自我為中心，目中無人，膽大異常。

2．男性服飾淺談

一說到服飾，人們首先想到的是女性的服飾，它花樣款式層出不窮，充滿了市場，而男性服飾由於單一、單調較不引人注意。其實，這是一種錯覺，細細去看男性服飾，你一定會有許多新的發現。

一、男性的領帶

男士的領帶實際上等於掛在脖子上的標籤。

據專家的分析說，誰最吝嗇刻薄，誰是刻苦勤儉，誰是精明能幹的領袖，誰是平庸凡夫，只要看他領帶的圖案，或者領帶的形狀，以及結領帶的方法，就能對此人的性格一一了解。

比方結打得又小又緊的人，表示氣量狹窄為人疑神疑鬼，不夠大度，對於錢財之物非常吝嗇，是個「一毛不拔的鐵公雞」。這類人顯得孤寒，沒有人願意親近。

結打得不大不小的男人，安份守己，並且忠於職守，為人隨和，彬彬有禮，在學業及工作上，都非常的勤學用功，這種人從小到大，都是典型的「模範生」。

結打得又大又鬆的男人，這是非常感情化和情緒化的一種人，總顯得文質彬彬。領帶的狹闊可以暗示男人的慾求，顯示一個男人追求異性的熱烈程度。領帶越寬闊，對異性的追求就越熱烈。

另外，在英國有一項調查，是從各地零售店蒐集的報告，顯示顧客購買習慣，明顯地與地區環境有著密切關係。分析上說，來自工業城市的人，特別喜歡購買色彩華麗的領帶，意味著他們日常生活環境缺乏色彩，下意識找尋彌補的辦法。

二、男人的襯衫

乍看男人的襯衫，當然不如女性服裝那樣色彩斑斕，令人眼花撩亂。但是如果你是個觀察力很強的人，你一定會發覺在男人中規中矩的襯衫中也有許多細微的變化與不同，同樣值得人們研究。

① 喜歡穿白襯衫的男性

這種人大多是銀行職員，教師，或者一些公司的上班族。白襯衫雖然並不是工作時的制服，但因為許多人都穿著它，似乎成了一條不成文的規定。有些人便隨大流，看見別人穿，自己也便穿起，混在穿著相同的人群中，性格便不容易暴露。可見，這是一些隱藏起性格和個性的人，他們個性保守，比較循規蹈矩，是安份守己的好公民。

② 喜歡穿黑色襯衫的人

這種男性不甘寂寞，不甘平凡。他們有充沛的體力和富有冒險精神，喜歡去做從來未曾涉及過的事物，他們喜歡征服並支配別人以達到某種滿足。運動員，喜歡登山或地痞流氓都喜歡穿黑色襯衫。

③喜歡紅色襯衫的人

常見的穿紅色襯衫的人，大都是運動員和勞工。他們穿紅色襯衫的目的是，就是要吸引別人的視線。

一般的男性，如果喜歡穿紅色襯衫，則說明這種人喜歡在人前表現自己。他們很有事業心並充滿了自信。但脾氣有時急躁，不問青紅皂白就妄加推論。

④喜歡穿粉紅色襯衫的男人

這種襯衫穿著的人較少。喜歡穿這種襯衫的人，性格帶有女性化的傾向，他們性情溫和，感情細膩，特別重感情，並對愛情有著美好的憧憬。

⑤喜歡穿黃色襯衫的男人

這種男人總是對現實存在著不滿，滿腹牢騷，他們慾求不滿，佔有慾強，一旦和他發生關係，不論是事業上、還是感情上，都休想輕易擺脫他。

⑥喜歡穿米色襯衫的男人

這種男人容易拈花惹草，不守本分。他們大膽開放，幾乎和每一個女性都保持著親密的關係。但他們對自己的行為很不負責，是一種做過事情就忘記的人。

⑦喜歡穿灰色襯衫的男人

這類的男性內向深沈，他們在社交場合大多數會坐在一邊看書，或者到四周花園裡去散散步，他們有豐富的內心世界，但從不會在別人面前輕易流露心聲。他們看似冷酷，但其實很溫柔。在感情方面，他是有責任心並且非常投入的人。

⑧喜歡穿藍色襯衫的男人

這種男人樸實多情，在戀愛中，一切為對方著想，在他眼裡，女方是一個完美的藝術品，絲毫不容侵犯。因此，儘管佔據天時地利，他也不會主動採取任何行為，必須確切地得知女性同意，然後才會放心地行動。

⑨喜歡穿深藍色襯衫的男性

這種男人是典型的工作狂，他心裡只知道工作工作再工作。除此而外，沒有別的樂趣可言，為人顯得淡漠。親情，友情與愛情，在他們眼中彷彿與他們毫不相關。

⑩喜歡穿紫色襯衫的人

喜歡穿這種顏色衣服的人，多數是藝術家等從事比較特殊職業的人。如果不是以上兩種人，而是一個靠薪水維持生活的普通職員或工人，那就表明這種人是孤單寂寞的，內心往往有壓抑但不得發洩的苦悶。

⑪喜歡穿以白色為底色，上面有藍色花樣的男性

這類男人喜歡幻想一些不切實際的事情，對於已經消失的愛情，他們依然日復一日地等待，幻想她再次回到他的身邊。除了完成本職工作外，他們把大部分時間都花在想入非非上面。

⑫喜歡穿以白為底色，上面有灰色花樣的男性

這種人往往會感到身心的壓抑和慾求不滿，他們總在計劃如何發洩這些蘊積在心頭的不痛快，但光打雷不下雨，從來沒有拿出任何行動來施行他們的計劃。

⑬喜歡穿以白為底色，上面印有紅條子的襯衫

這一類型的襯衫還有很多，比如白底紅花紋，或紅底白條子，或紅底白花紋等等，

穿上這種花紋的襯衫的人，表示心中有一個幸福的使命有待他去完成，譬如今天要向所愛的她求婚，或者是向心儀已久的她表達愛意，這種人往往神采奕奕，信心十足，至於結局如何，那是後話了。

⑭喜歡穿格子襯衫的人

這類男人崇尚柏拉圖式的精神戀愛，他們需要精神上的安慰，比肉體的滿足更為強烈。他們注意理性，幻想一個和平博愛的理想世界。襯衫格子越大，暗示精神安慰的慾求心理，就越強烈。

⑮喜歡穿花襯衫的男性

這類男人性情溫柔，缺乏自我主張，容易隨大流，跟著別人走，他們有一些女性化的溫柔，從來不亂發脾氣。

如果花紋比較大，則這種男人喜歡追尋刺激與新奇，他們容易喜新厭舊，大多不以一個對象為滿足，喜歡處處留情或尋花問柳。

⑯喜歡在襯衫口袋上或上臂袖繡上英文姓名的男性

這種人誠實可靠，說一是一，說話講信用，對自己一切活動都很負責任，從不馬虎或得過且過。他們在感情面前則顯得比較遲鈍，不善於表達自己，而且求愛也缺乏技巧。但因為他本身的正直，最終都會找尋到幸福。

三、男士的皮帶

皮帶非常講究，與衣褲配套的男人，大多生活相當優越，他們注重享受，注重自己的儀表舉止。

皮帶顯得寒酸，但衣褲顯得闊氣派頭的人，他們往往並不真的闊綽，而是有目的地裝闊，或是為了相親，給女方留下一個好的印象，或者是剛剛謀了個新的職位，要在人前賣弄他的得意。這種人喜歡自我表現和自吹自擂，善於粉飾太平，而且一旦得勢便目中無人，心高氣傲。

平時不常束皮帶，或皮帶束得鬆鬆垮垮的人，他們為人十分放縱任性，不喜歡聽命於他人或者受條條框框的限制，嚮往自由自在，容易一意孤行。

3・其他常見的習慣

1・購物百態現真性

家庭主婦，往往肩負著為家庭購物的重任，超市，百貨公司，自由市場，甚至雜貨店，都可以看到這些家庭主婦的身影。從她們購買物品的各種情形和態度，我們可以透視出這些家庭主婦的百態。

①無論購買什麼物品，都要進行深思熟慮才肯做決定的人

這是一類實用主義者，她們大多精明能幹，是理家的高手，凡事都能從實際出發，做好預算，且量入為出，從不做無謂的浪費和犧牲。她們十分顧家，相夫教子，是一個

典型的賢妻良母。

②對每一家商店都很熟悉的人

購買之前，會詳細地進行分析比較才決定買什麼的人，這類主婦消息靈通，是個訊息中繼站，她知道哪一家商店的商品比較便宜，哪一個牌子的品質優良，做工考究，服務周到熱情，甚至她能夠知道一些稀有物品或熱門商品在哪些商店販售。有一句俗話是這樣的——「貨比三家不吃虧」，這類精明的婦女就有這樣的傾向，她們通過比較，在比較之間掌握商人的可信度，和到底購買什麼物品，或到哪裡去買等等。

③購物時對商品挑三揀四，愛雞蛋裡挑骨頭的人

這類人平時為人刻薄，遇事只會吹毛求疵，而自己又沒有什麼成就。她們做事時非常謹慎小心，甚至已顯得太過細心了。這類人有許多不能滿足的欲望，所以她們容易滿足於貪小便宜，每每佔到小便宜，便沾沾自喜，這種顧客是很令人討厭的。

④購買物品時相當固執的人

她們從來不會聽取別人的意見，只認定自己的見解有百分之百的正確。她們太過自

信，有時往往會「聰明反被聰明誤」。這種女子的家庭隱藏著危機，如果她有一個願意容忍的丈夫，那麼夫妻之間還能和平相處；而一旦她的丈夫也跟她一樣固執，或者有一天終於忍受不了她的自信與霸道，那麼一場戰火在所難免，結果可能一拍兩散。

⑤買東西時，想買又不想買，左右搖擺不定的人

這種人，好像永遠是一個不倒翁似的，倒來倒去拿不定主意似的，總是游移不定。她們生性怯懦，比較內向，平時易招惹煩惱，缺乏決斷力和果敢。她們容易被煩惱困擾而感到深深的痛苦。買東西時，別人不敢與她同往，當她為拿不定主意而痛苦時，與她同行的人其實是更加痛苦的。

⑥買東西時一點主見都沒有的人

喜歡購買別人所喜歡的物品的人，這種人極不自信，她們買東西時一定要人做伴。而且，她們自始至終都會徵詢同伴的意見，倒好像是為同伴購物似的。這種人大多不敢得罪別人，長此以往，她們往往失去了自我，彷彿是為別人而活的。她們大多溫馴，在家是丈夫拿主意，她只一味地服從，沒有反抗的餘地，是個較古舊的女子。

⑦買東西時是因為自己喜歡或需要而不會徵求別人的意見的人

這種人的個性正好與上述那種依賴別人的人相反，她們有自己的主見，她懂得怎麼樣講自己生活得舒適與自由，非常放得開，不會庸人自擾。

這類女子不同於那些自以為百分之百正確的固執女子，她的想法不會太保守，能接受新鮮事物，她們雖很有自我主張，但不會固執到全盤否認別人的觀點而只固執己見。她們為人處世顯出慎重與老成，在婚姻生活裡，並非一味地依賴丈夫，她們有自己獨立的人格和尊嚴，能夠很好地照顧自己和丈夫，支持對方的事業，並充當最得力的參謀和助手，她不僅是個賢內助，且可以獨當半邊天，是一個賢明的女性。

⑧買東西時，只求外觀而不去顧慮到對自己是否適合的人

這種人愛慕虛榮，貪圖享受，而且不懂得金錢的來之不易，反正被她看中的東西便非要買到手不可，不管價格貴到如何負擔不起。購買物品之後，她們總忍不住去別人面前炫耀一番，博得幾聲讚譽之詞，可見她的愛慕虛榮的性格。這種女性浪費金錢而不自知，她的巨額開銷，常令家庭負擔不起。如果她的丈夫很會賺錢，那麼還勉強可以滿足她的虛榮心，婚姻也還勉強可以維持；假如這個丈夫不善於賺錢，那麼，這個婚姻便岌

岌可危了。

⑨買東西時，僅憑一時衝動，之後又會後悔的人

這種人生性焦急，非常缺乏耐心和定性，凡事不願多做停留多做冷靜的思考。在腦子發熱的時候下的決定，往往引起日後的後悔，但她們怎麼也不會吸取經驗，依然任憑自己的一時衝動。她們像一個忙碌的陀螺，因此常常忙中出錯，正應了那兩句話，叫做——「欲速則不達」與「事倍功半」等，事情的結果往往沒有事先預期的那樣好。

這類家庭主婦如果嫁給一個慢性子，處事穩健的丈夫，夫妻間也許可以取長補短，而使她逐漸改掉衝動的性格；如果她的丈夫也是一個憑衝動辦事的人，那麼，她的家也許會變成一鍋粥。

⑩買東西時，眼光很是銳利，想買就買的人

她們做事乾淨漂亮，更重要的一點是非常俐落，她們處事冷靜，有一種運籌帷幄的氣概。她們處理起麻煩事，不慌也不忙，三下兩下便將一件棘手的事情，變得息事寧人。面對十分棘手的家務時，也會很鎮靜地愉快勝任。她們遇事鎮定，心裡有一個明確的方向，對物品品質的好壞和社會行情的動向，都能加以選擇與辨別。

⑪買東西時，都喜歡佔一點小便宜的人

比方說買水果的時候，她們總是會先拿一個放在嘴裡試試味道怎樣。稱的時候定要賣主把斤兩往前挪點，談價時也毫不示弱，裝袋時，她還自發地多拿了幾個，這才滿足地走開。這種人心胸狹窄，為人刻薄，沒有太多的朋友，試問：有誰願意接受她的「剝削」呢？

⑫憑感情買東西的人

如果她對某一家商店的印象特別好，或者品質有保證，或者服務態度十分良好，她就會完全信任對方，而且，總是去這家商店購買東西。

這類人注重感情，為人主觀，她憑直覺來判斷對一個事物的愛和憎，她有時也憑衝動，但因她生性念舊善良，所以事情的結果往往不會太壞。

2．畫房子可以看出你的性格

隨著心理學家研究的內容不斷增加與創新，我們可以從一個人所畫的房子，來看他

的心理特點。這個方法是這樣的：一提到「房子」這個詞，你立刻把想像中出現的形象畫出來。

①喜歡畫城市的房子

這裡的城市房子指的是多層樓房。很少有人畫這種房子，因為大多數人都想畫出另一種「理想」的房子。而喜歡畫城市房子的人，表現出對外界冷淡，性情孤僻的特點，他們向這個冷漠的世界和殘酷的現實繳械投降，心中已不帶任何嚮往。這種人傾向於把注意力集中在自己的問題上，不向任何人談自己的問題，也不參與別人的任何事情。

②喜歡畫低矮的小房子

喜歡畫低矮房子的人，時常都會感到自己勞累，疲倦和生活的壓力。而且喜歡回憶往事，不管喜的還是悲的，但他都饒有興趣地去投入地回味。然而，回到現實後，他通常並沒有從中找到任何快樂。

③喜歡畫閣樓和城堡

喜歡畫高高的閣樓的城堡的人，通常表現出孩子氣的，不認真的，輕浮的性格，他們不能腳踏實地地務實，自己的願望就像他們畫的空中樓閣懸掛在半空一樣，終不能變成現實。他們不能勝任自己的責任，富於幻想，是屬於不切實際的類型。

④喜歡畫鄉村房屋

畫這種房子的人，意味他需要擴大自己的住房面積。如果他獨身一人，那麼，這表明他可能需要建立家庭，生兒育女。

如果畫的房子用無法攀登的鐵籬笆圍著，說明他可能是個性格孤僻的人，總在找東西將自己與別人隔開。如果房子周圍是用灌木植成的綠色籬笆，意味著他待人熱切誠懇，而且他非常容相信信任別人。籬笆越低，表明越喜歡交往。

⑤喜歡在房子上面畫上窗戶

如果喜歡畫大窗戶，則說明此人襟懷坦蕩，待人親熱友善，從來做事只求無愧於心，也不在乎別人的眼光。

如果畫一個或幾個不大的窗戶，帶柵欄和護窗板的窗戶，表明他性格深沈，不大與人來往，目前不缺什麼東西，為人有吝嗇的傾向，既不能給人什麼，也不想從別人那裡得到任何東西。

⑥ 喜歡在房子上畫上門

如果喜歡在門畫在房子的正面中間，說明他十分熱情好客，和藹可親，他遵崇傳統的風俗。

如果畫有走廊，說明了他充滿自信，且對人寬宏大量。

如果畫開著的門，意味著喜歡交際，而且好客；關著的門則意味著性情孤僻。

如果門位於屋子的兩側，這是不大喜歡交際的標誌，說明他不大容易接觸。

如果門在房子的正面並且畫很大，說明他行為輕浮，常信口開河，待人寬宏大量，有時甚至還會過分的寬宏大量哩！

⑦ 喜歡在房子上畫上煙囪

如果畫的房子沒有煙囪，說明這個人沒有慾情。

如果畫的煙囪不冒煙，同樣也意味著他缺乏豐富的感情。這種性格特點無疑是由生活中一系列痛苦引起的。

煙囪裡冒著煙是代表很有氣度，並且性情溫和的象徵。

如果煙囪上畫著磚或某些更細的物體，說明這個人充滿樂觀主義色彩。

3．顏色代表的意義

這個世界是一面大的彩色銀幕，到處都是色彩。比如你的衣服，它必是有顏色的，還有你的車子，或其他器物，在你自由選擇的情形之下，一定會挑選你特別喜歡的色系，那麼，也就是說，你還有其他喜愛；以及特別厭惡或沒有特別喜歡和憎惡的顏色等等。以下我們來看一看，你到底喜歡什麼樣的顏色？

①喜歡白色的人

白色，是一切顏色的綜合，因此它是「理想的顏色」。其中有很多含義，因為它既表達亮光閃耀，又表達冷冽寒氣逼人。喜歡這種顏色的人性格較單純，遇事不慌張，從容沈著地去了解並解決。他的自尊心很強烈，喜歡以理服人，做事為人往往重理性，他待人很親切，為人聰明，機智，可以贏得別人的信任。

②喜歡黑色的人

黑色，正好與白色相反，這種顏色代表了沒有自信心，象徵了對生活悲觀。凡是喜歡穿黑色衣服（不包括表示哀悼時的黑色）或者喜歡用黑色器具的人，往往從黑色調感受生活，不相信自己，認為自己不幸，認為自己的生活理想往往沒有能夠達到。如果有一天他放棄了黑色，而喜歡比較鮮艷奪目的顏色，往往便是他們悲觀情調消失的標誌。

黑色還含有嚴肅，莊重，沮喪，壓抑的意義，喜歡黑色的人一般還會給人以樸實的感覺，他們感情毫不外露，總在背地裡暗自計劃。他們自負了得，總顯得頑固，不願聽取別人的意見。但他們在事業上是個實幹家，勤勤懇懇地創業，具有責任心和事業心。但由於固執，所以缺乏容忍的態度，無論自己是對是錯，都不會與人妥協，藝術家往往具有這種個性。

③喜歡灰色的人

灰色，是審慎，多疑的人所喜歡的顏色，他們總是給人以孤僻或消極的印象，其實是因為他們為人謹慎，沈著，個性上顯得比較保守因此而能穩重。他們不想追趕流行或標新立異而引起別人的注意，他們時常像進入冬眠期一樣，不會主動地爭取什麼，他們對未來抱持無所謂的態度。

灰色，也是那些在無意之間，便向人宣揚自己的事的人們，所喜歡的顏色，他們獨立性強，可以不依賴別人進行獨立生活，他們推崇個人的力量，重視自我發展途徑，具有忍耐力和毅力，能克服目前的不順利和逆境。

如果不喜歡灰色，那就是衝動型的人，心直口快，個性率真，容易急躁和做出輕率舉動的人。

④喜歡比較明朗的灰褐色的人

從表面看來，這種人很柔順，但在他的內心領域，卻有著相當獨斷的能力，有自己做人的原則，不會輕易去聽信別人的傳言。他們有著敏銳的觀察能力和洞悉力，為人忠誠可信，遵守諾言，有涵養，能在逆境中力挽狂瀾，並能安然度過難關。但他很難用語言來表達自己的內心感情，為人處事不愛張揚，而顯得非常含蓄。他們守法律具有公德心，不做違背自己原則的事。有耐力，是能持久的類型。

⑤喜歡紅色的人

紅色是熱情奔放的顏色，喜歡這樣顏色的人，勇敢，有意志，好逞強，同時又是心浮氣躁，容易和人親近的人，他們具有很強的活動性，什麼事都要做得盛大，而與此同時，心思及觀察力卻都很纖細敏銳，有豐富的交友熱情和一定的判斷是非的能力，善惡分別。花錢則大手大腳，有浪費的傾向。

凡是一見到這顏色就生氣的人，往往容易自暴自棄，怕與人爭吵，喜歡獨處，或者，一旦與人或環境結成一種關係時，就不希望這種關係被打破。

⑥喜歡黃色的人

黃色象徵寧靜，喜歡黃色的人毫不拘束，落落大方，有文化修養。這樣的人善於交際，有好奇心，有承擔責任的勇氣，容易適應環境，因為自己有魅力而被人喜歡，所以他容易得到滿足。

他們富有才能和扎實的工作能力，幹勁十足，常顯得生機勃勃。但他們過於自我，在別人面前顯得高高在上，有時爭論的結果，往往是需要對方給他們讓步，而他們自己依然固執己見。他們喜歡浪漫，很會製造這種朦朧的氣氛。工作和娛樂兩不耽誤。

如果不喜歡黃色的人，說明他思慮過重，情緒悲觀，別人難以和他打交道。

⑦喜歡藍色的人

因為藍色是「天」的顏色，人們常把它與精神高尚，心靈純潔聯繫在一起。喜歡藍色的人，說明他樸素和憂鬱，這種人常常需要休息，他累得快，容易疲勞。周圍的人信任，與人為善的態度對他來說極為重要。

他們富有理智和深思熟慮的習慣，有著優雅的興趣愛好，他們保持著孩童般的好奇心和求知慾，一旦遇到新奇的事物，就想方設法地去求證。但有時便顯得聰明過分，反而誤了事。偶爾性急而失去耐性，人會變得固執而不分是非，往往導致不可收拾的失意結果。

不喜歡這種顏色的人，則缺乏信心，性情孤僻。對於這種顏色冷漠，說明情感方面輕浮，儘管外表和氣，有禮貌。

⑧ 喜歡綠色的人

綠色是大自然的顏色，是春天的顏色。喜歡這種顏色的人，一般來說他遇事冷靜，總力求用自己的方法思考和判斷事情，對他人的意見做取捨，但不會被人牽著鼻子走。他也有激動的時候，激動起來就愛講道理，試圖用事實和真理來說服對方，甚至有時還會抓住別人的弱點來攻擊對方。他們總在無意之間企圖在一群人中佔上風。他們為人隨和，給人親切的感覺。具有才能和才幹，但喜歡自由，而不願去承擔責任，他總是想方設法地逃避，有時不免顯得做作。但愛好旅遊，成為一個旅行家是他的夢想。不用擔心衣食問題，而且財運也不算太壞。

不喜歡這種顏色的人，害怕生活中出現挫折，害怕一切困難。

⑨ 喜好淺綠色的人

這種人有旺盛的權力欲望，總是企圖將自己的意志強加於人，而自己卻害怕行動，以避免陷入困境。

⑩ 喜歡紫色的人

紫色表明熱情洋溢，敏感，精神崇高，待人溫和。

喜好紫色的人，感情細膩，容易動情，面對一個事物的時候，他們會對它自然而然地，產生非常浪漫的超現實的幻想，他們每時每刻都在等待奇蹟的出現，儘管在忙碌工作的時候，也不會放棄這個夢想。但他們又會為了幻想而不務正業，他們有很好的自我協調能力，能抑制幻想，妥善處理好夢想與現實的關係。這種人沒有出色的經濟頭腦，不善於理財。他們擅長交際，喜愛比較華麗的排場，言行之中不免有些誇張。

這種人不快樂的時候，標誌著他的責任感開始復甦，希望做一個真正的人。紫色，是各方面都協調發展很好的人，所喜歡的典型顏色。

⑪ 喜歡淡紫色的人

這種人性格樸實無華，有著敏感的神經，尋求真誠與友愛，比較容易感傷，為人謹慎，有自尋煩惱的傾向，他們大多很不自信，時常多疑慮，但生性善良溫厚。他們喜歡旅遊，還有一些能讓他們感到輕鬆與美好的活動。

如果是男性，他可能成為有用的智囊和得力助手，也將會是一個忠誠可靠的朋友；如果是女性，定是個溫柔賢惠的女子，忠於家庭，忠於愛情，是個賢妻良母。

⑫ 喜歡粉紅色的人

粉紅色是充滿生機的顏色，是一切生物所喜歡的顏色，它表明人們需要互相友愛，和睦相處。喜歡粉紅色的人大多是在和平或愛寵的環境下長大的，他們性格純真無邪，溫和善良，有美好的願望，不論是現實的還是不現實的，都能自得其樂，喜歡美化的一切善的事物。到了而立之年，他們依然不改純真。但有時缺乏責任感，逃避現實，因此容易被人誤解。他們可能會因為最微不足道的理由而激動，也可能會因為一時的挫敗而從此一蹶不振。

如果看到這種顏色會生氣的人，他們大多是一個實用主義者。

⑬喜歡酒紅色的人

酒紅色指的是葡萄酒的顏色，這種人大多有崇高的理想，舉止言行雍容高雅，他們在人群中顯得高人一等。不過他們確實很有才華，而且有卓越的才能，深得上司的讚許與看重，他們不會與人發生吵架之類的情況，很有紳士味道。但在別人看來，他們的思維複雜，感情深藏不露，顯出神祕性，所以不敢和他太過靠近，所以有許多時候他都顯得形單影隻，孑然一身。他們有強烈的自尊觀念，絕不會輕易地去求人，為人高傲自負，聰明機智。

⑭喜歡橙黃色的人

喜歡這種顏色的人，富有敏銳的洞察力。他們會有許多自己的想法，而且容易想入非非。他們有自己的愛憎，而且習慣憑興趣辦事，對於自己十分感到新奇好玩的事，就會全心地投入，而自以為無趣或和他沒關係的，則「事不關己高高掛起」。他們喜歡隨心所欲，喜歡表現出自己的優勢，他們會很坦率真誠地與人交往，在團體活動時，他們會成為核心人物，而且能將冷清之氛圍變得非常融洽快樂。

⑮ 喜歡咖啡色的人

咖啡色及其深淺不同的各種顏色（包括褐黃色）是堅定，有信心的人們喜歡的顏色。特別喜歡這種顏色的人，非常珍視傳統和家庭。

不喜歡這種顏色的人，說明他自強自愛，推崇自我中心主義，他不坦率，很難直爽地說出自己的心裡話。

4．運動顯示出個性

美國維吉尼亞州大學的心理學教授伯朗博士，曾經針對個人喜愛的運動而深入研究分析一個人的個性——

① 喜歡跑步的人

這種人富於對耐力和毅力的挑戰，他們的生活道路是由一個一個目標構成，而且，他們自己也是一個把目標付諸於行動的進取者，不達目標誓不罷休。進行跑步運動，則暗示邁向目標爭取成就的一種具體表現。

②喜歡以慢跑和散步為體育鍛鍊的人

這類人心地平和寬廣，崇尚「寧靜以致遠」，他們喜歡中庸之道，為人厚道，聰明聰慧而不外露，不爭名利，不喜與人爭鬥好勝，他喜歡清靜，喜歡獨處，如果有人與他商量事情，他往往是能讓則讓，不能讓也會想出兩全其美的法子。所以他很得人心。

③喜歡健行競走的人

這種人喜歡單獨行動，他們有洞悉能力，對於挫折與失敗置之不理，很有刻苦耐勞及勇於冒險的精神。他們有敏銳的知覺，強健的體魄，足以克服旅途的艱險。他們非常個人化，難與人達成共識，因此性情顯得孤僻，不容易與人相處。

④喜歡騎自行車，以騎自行車為經常運動的人

這種人善於建設自己的精神世界，他的一些想法和理想顯得太過崇高太理想而不切實際。他在個人活動時候往往取得很出色的成績，但在集體當中不能很好地發揮自己，他富有獨立探索及創業的精神。

⑤喜歡打羽毛球和網球的人

這種人競爭性強，有攀比與爭勝的傾向，他們思維活躍，動作敏捷靈活，有獨立經受風險的意識和勇氣。他們適合於從事富有挑戰性和競爭性的工作，而且通常都能很好地進行自我約束與自律。

⑥喜歡足球，籃球，排球，棒球等團體性質強的人

這種人往往需要以群眾為基礎，才能發揮他的能力，善於與人合作。一旦脫離集體，他甚至會變得無所事事。他們個性開朗好動，喜歡與人交往，善於協調彼此關係。

⑦喜歡游泳的人

這種人意志堅強，為人忠誠，忠於職守，遵守諾言，博得別人的信任。他們為人自信，知難不退、力爭上游，並且能自律，懂得什麼時候該緊張，什麼時候該放鬆。

⑧喜歡上健身房進行運動的人

性情溫和友善，很能善解人意，他們對於站在不同的地方看事物，有容忍心和包容心。他們樂意參考並接受別人的意見和勸告，是個細緻的，重感情的人。

⑨ 喜歡以舞蹈作為運動的人

他們一般具有豐富的幻想力，追求理想並等待一場浪漫愛情的到來。他們反應靈敏，動作優雅，有藝術細胞，懂得欣賞與品評，他們很看重自己的能力，並隨時尋找機會要把它發揮出來。

⑩ 喜歡瑜伽運動的人

個性較為深沈和內向，他們為人誠懇，忠信，時常陷入沈思之中。他們喜歡安靜穩定，遠離喧囂的生活，而且一旦熟悉並喜歡上了某一個環境，他們便樂於安身下來不願更改。他們並不是不思進取，在他們自己的領域裡，他們顯得很有創新的意識與才能。

⑪ 喜歡打高爾夫球的人

這種人比較有耐心，且比較具有適應能力，他們能接受新鮮事物，思維超前活躍，不喜歡與生活呆板，不苟言笑，墨守成規而不思進取的人交往。大多數富有分析力和洞察力，往往有精闢的見解。

⑫ 喜歡騎馬運動的人

這種人對於現實過分苛求，他們追求完美，因此常為理想不能實現而感到遺憾。他們具有忍耐力，有刻苦鑽研的敬業精神。他們視人有權勢與否的觀念。他們喜歡喜歡夜生活，參加宴會，舞會，交際應酬等娛樂能放鬆他們緊張的精神。

⑬ 喜歡賽車，衝浪，跳傘，滑雪等危險性高而富有刺激性運動的人

這種人異常膽大，不甘於平淡的生活而追求刺激與新奇。他們崇尚絕對的美，比如速度和高度。他們對待生活顯得漫不經心，有遊戲人間的傾向。他們所做的一切，只是在讓自己感到刺激，他們有時也會投機或賭博。

⑭ 什麼運動都不做，也都不喜歡的人

這種人生性倔強，頑固，不會聽從別人，有時還會倒行逆施。具有強烈的獨立意識和叛逆性，我行我素，不與眾人合拍，別人很難與他相處，因此他的人際關係顯得比較僵硬。他們往往也不會遵守紀律和規則，但他們心中有著不錯的公共道德標準。

〈全書終〉

國家圖書館出版品預行編目資料

身體語言密碼心理學／麥凡勒 著　初版，
新北市，新潮社文化事業有限公司，2025.07
面；　公分 --
ISBN 978-986-316-948-2（平裝）
1.CST：行為心理學　2.CST：肢體語言　3.CST：讀心術

176.8　　114006056

身體語言密碼心理學

麥凡勒　著

〔企　劃〕　新視野 New Vision
〔出　版〕　新潮社文化事業有限公司
電話 02-8666-5711
傳真 02-8666-5833
E-mail：service@xcsbook.com.tw

〔總經銷〕　聯合發行股份有限公司
新北市新店區寶橋路 235 巷 6 弄 6 號 2F
電話 02-2917-8022
傳真 02-2915-6275

印前作業　東豪印刷事業有限公司
印刷作業　福霖印刷有限公司

初　　版　2025 年 08 月